SV

Band 766 der Bibliothek Suhrkamp

Edmond Jabès
Es nimmt seinen Lauf

Illustrationen von
Antoni Tapies
Aus dem Französischen von
Felix Philipp Ingold

Suhrkamp Verlag

Titel des französischen Originals
Ça suit son cours

Erste Auflage 1981

Druck: Nomos Verlagsgesellschaft, Baden-Baden
Printed in Germany

Es nimmt seinen Lauf

Für Maurice Nadeau

»Sterben, heißt das – im Buch – unsichtbar werden für jeden und entzifferbar für sich selbst?«

(Aely)

»Schreiben, hieße dies – im Buch – lesbar werden für jeden und unentzifferbar für sich selbst?«

». . . *sterben* ist nämlich eine Art und Weise, das Unsichtbare zu sehen . . .«

MAURICE BLANCHOT (»Rede über die Geduld«, in *Le Nouveau Commerce,* Frühjahr 1975)

Wäre meine Freiheit nicht im Buch, wo wäre sie sonst?
Wäre mein Buch nicht meine Freiheit, was wäre es sonst?

Die Wahrheit kann nicht anders als gewaltsam sein. Friedfertige Wahrheit gibt es nicht.

Alle Gewalt ist im Tag.

Der Tod, der des Tages Ende ist, ist auch Gewalt, die sich vollendet hat.

Für uns ist, zu jeder Zeit, das *Ungewollte* das *Unvermeidliche* gewesen.

Für immer bleibt das Morgen zum Morgen hin offen: die Wahrheit zur Wahrheit hin; der Tag auf den Tag hin; die Nacht auf die Nacht hin; die Gewalt auf die Gewalt hin, die unendliche.

Die Gewalt des Buchs wirkt sich gegen das Buch aus: ein gnadenloser Kampf.
Schreiben, das könnte vielleicht – im

Wort – die Vermählung der unvorhersehbaren Phasen dieses Ringens sein, für das Gott, als unvermuteter Hort aggressiver Kräfte, zum unsäglichen Einsatz wird.

Die datenlose Seite, undatierbar

Des Todes Schatten ist weiß.

I
DIE MACHT ZU BENENNEN

Die Zeit des Schriftstellers entspringt dem Leben des Zeichens, einer Inspiration oder einer Expiration, bedingt durch jene des Buchs – einer Abwesenheit gewissermaßen der durch die Zeit der Vokabel in der Zeit festgehaltenen Zeit; einer im Hinblick auf die gemessene Zeit denn also unmeßbaren Zeit.
Und in jener andern Zeit, am Zeitensaum, treffe ich Sie wieder, lieber Gabriel Bounoure. Das Unendliche ist Ihnen angemessen. Das Unendliche, zu dem hin Ihre Schritte Sie führten; vor dem sie Ihnen eines Abends versagten; und welches – heute – allein die Macht hat, Sie beim Namen zu nennen.

II
AM FUSS DER SEITE

(Meine Freunde wissen, wie zurückgezogen ich lebe – nicht daß ich der Einsamkeit auf unbedachte Weise huldigte; sondern weil das Schreiben den, der sich dieser Arbeit widmet, isoliert und ihn dort, wo er sich Freiheit erhoffte, unterjocht.)

»Der Tod ist Lektüre.«

(Yaël)

»Einzig der Leser ist wirklich.«

(Je bâtis ma demeure)

»Wie oft wähnte ich mich gerettet, während ich am Untergehen war«, sagte er.

III
LEKTÜRE

Der Schriftsteller kann sich von dem, was er geschrieben hat, allein durch den Gebrauch, den er davon macht, befreien: das heißt – durch eigene Lektüre. Als hätte das Schreiben letztlich zum Ziel, die Lektüre dessen, was Schrift zu werden im Begriff ist, von dem her einzuspuren, was schon Schrift geworden ist.

Im übrigen ist das, was geschrieben, jedoch nur während der Niederschrift gelesen worden ist, durch solche Lektüre stetiger Veränderung unterworfen.

Das Buch wird Schrift, indem es sich als das zu lesen gibt, was es sein wird.
Das geschriebene Wort führt die Lektüre ein; dadurch ist es, von allem Anfang an, unterschieden vom gesprochenen Wort. *Das Geschriebene* tritt an die Stelle des

Gesprochenen keineswegs, um es festzuhalten oder um es besser zu formulieren; sondern – ganz im Gegenteil – um sich an dessen Zerschichtung zu erfreuen, indem es das Gesprochene der Lektüre eines jeden seiner Teile aussetzt, in seinen unterschiedlichen Sinnzuständen oder auf seinen verschiedenen Bedeutungsebenen.
Das Auge – und nicht das Gehör – löst die wahre Befragung aus, das Abfragen der tausend Fragestellungen, die im Schriftzeichen latent gegeben sind.

Die Lektüre meistert das Zeichen; doch entsteht und vollendet sich das Lesen, entsteht und erschöpft sich der Blick nicht aus dem Zeichen, im Zeichen?

»Vielleicht ist ein schlechtes Buch lediglich ein von seinem Autor schlecht gelesenes Buch«, sagte er.

(. . . da es nur mehr bedrohte Spuren gibt und embryonale Reden, in denen das Buch seine Artikulation gefunden hat, unzügelbare Entfaltung der Vokabel – das entstehende Buch gegen das folglich zugleich vergehende und damit seine Verfügbarkeit als ein Buch im Werden wahrende Buch; die von der Vokabel sich lösende Vokabel, damit sie nach ihr, an der ihr zugewiesenen Stelle, verglimme –; denn alles Faßbare entgeht, kaum ist es erfaßt, der nach und nach in einem Netzwerk widersinniger Beziehungen eingegangenen Knechtschaft – Beziehungen, welche, falls sie es auf seine Funktion als Zeichen, als Bild, als Laut, als Zeichen zwischen den Zeichen, als Bild inmitten der Bilder, als Laut unter den Lauten reduzieren,

es zu gleicher Zeit befreien vom Joch der Unterdrückung durch den Sinn und der Tyrannei der Totalität; als gälte es, das GANZE *des* NICHTS *zu werden, um nicht das* NICHTS *des* GANZEN *zu sein.)*

•

Das Buch ist unhaltbare Totalität. Ich schreibe auf vielfach beschliffenem Grund.

Schreiben ist das, was uns in Worte faßt, um uns in seine Bewegung aufzunehmen. Kein Wesen wird uns mehr geringste Hilfe bieten können.

GOTT, rebellischer Name des Abgrunds.

Dem Menschen, dem Ding – einen anerkannten Namen.
Dem Unsichtbaren – einen unaussprechlichen Namen.

(Sichtbarkeit des Unsichtbaren!
Sich Gott als Apotheose des Neutrums denken, Wirklichkeitsschwund, erstrahlende Unwirklichkeit.)

•

Anhängerschaft oder Gegnerschaft zu einem Werk sind *a priori* suspekt. Wir bewundern oder verurteilen das, was uns von einem Werk geblieben ist; will sagen, das Werk, das wir ihm entnommen und uns angeeignet haben. Daher die gewaltige Freiheit, die sich ein jeder Leser durch das Buch verschaffen kann; doch ist dieses niemals einem einzigen zu eigen. Nur scheinbar unterwirft es sich dem Leser. Statt Beute aller nur möglichen Lesarten zu sein, fällt es letztlich keiner einzigen anheim.

(»Wo ist das Unterscheidungsmerkmal zwischen Werk und Gestammel zu finden? Es gibt kein anderes Kriterium als das Lesen und das Wiederlesen; – kein anderes Kriterium als langen Umgang, der entdecken hilft, welche Linie im Werk den tiefen Ursprung mit der Bestätigung einer stetig wirkenden Präsenz verbindet.«)
Gabriel Bounoure (Vorwort zu *Marelles sur le Parvis*)

In gewisser Weise ist die Literaturgeschichte nichts anderes als eine ärmliche Rachegeschichte. Bald triumphiert das Buch, getragen vom Enthusiasmus einiger Wenigen, über die Unwissenheit, die Gleichgültigkeit oder die Feindseligkeit, die ihm anderweitig entgegengebracht werden; bald ist es der Leser, welcher, neuen Werken zugewandt, die ihm näher sind, eine gelegentlich bedrängende Vergangenheit vom Tisch wischt.
So verläuft die gelesene Zeit, die geschriebene: wiedergelesen, wiedergeschrieben.
Eines Tages sieht sich der Schriftsteller den Kommentaren gegenüber, zu welchen seine Werke Anlaß gaben. Und plötzlich fühlt er sich den gebündelten Lichtern ungezählter Projektoren ausgeliefert, die auf ihn gerichtet sind, die ihm folgen, ihn bedrohen, wo er auch hingeht und Zuflucht sucht. Unbeteiligt zeichnen diese Projektoren seines Ruhmes oder seines Elends Wege auf.

Von jenen Wegen wird in diesem Buch keine Rede sein.

•

Wie sollte man, nach all den langen und häufigen Abschweifungen zwischen Unbekanntem und Bekanntestem, das Bestreben des Neutrums nicht erkennen, sich mit Bedacht abseits zu halten – in der berechtigten Furcht, als das zu gelten, was zu werden ihm ohnehin noch vor der Zeit würde beschieden sein: *der Schlüssel zum Wirklichen.*

Die Gleichgültigkeit der Gestirne für den Raum, der sie zählt, entspricht jener der Nacht, die ihnen zu flimmern erlaubt.
Dieser wechselseitige, in seiner Negation wie auch in seinen Affirmationen von Unendlichem genährte Gleichmut ist distanzierte Distanz des Neutrums.

Gott, welcher ist Gleichmut jedweder Distanz, ist des Neutrums blinde Anmaßung.

Höher als das Höchste; niedriger als das Niedrigste – ist das Neutrale.

Keinerlei Neutralität für unentschiedenen Widerschein.
Das Hell-Dunkel ist Nicht-Existenz.

O Schlüssel mit der soliden Räute von Raum, mit dem Bart von Unbekannt, mit den Beschlägen der Unendlichkeit . . .

Eine Existenz als Messer in der Nicht-Existenz.
Neutrales zertrennt.

Neutralität des Orts: die Luft, das Papier, der Marmor.

Buchstabe, Silbe, Vokabel überlassen letztlich ihren Platz dem Neutrum, dessen Raum teilweise besetzt zu halten sie bemüht waren.

Gott, der aller Orte Ort ist, als Übermarchung des Neutrums denken.

Das Zeichen ist ins Neutrum gefaßt. So ist es denn Zeichen des Neutrums – wie das Sandkorn, welches Flimmern von Unendlichem ist.

Die Unwirklichkeit des Wirklichen ist manchmal des Neutrums trügerische Wirklichkeit.

Das Buch hat als Schlüssel das Neutrum; das schlüssig Wirkliche.

Jede umgeblätterte Seite des Buchs ist eine Pforte, die zufällt, sobald wir sie durchschritten haben; eine Pforte, die ihren Namen vergessen hat.

Das Neutrum ist äußerste Verwegenheit des Namens; seine freigesetzte Freiheit.

Der Schlüssel des Buchs ist Schlüssel des Namens.

Was uns bindet, ist was das durchwirkt, was uns entbindet: ein Dürsten nach Neutralität.

Wer kann die Wärme des Sandkorns sagen oder dessen nächtliche Kühle? Das sind die täglichen Temperaturschwankungen des Neutrums.

Kalt, im Innersten der Kälte; heiß, dem Feuer ausgesetzt, überdauert das Neutrum die Sekunde.

Ins Neutrum eingehen, an die Mitte rühren, den Grenzpunkt markieren.

Umwelt: umstellt.

Nichts und Alles sind die beiden Pole des Neutrums.

»Dem Nomaden hebt der Raum sich selber auf. Er wird zu einem Un-Ort, dessen ununterschiedene Teile sich umsonst zu den Teilen fügen.«

GABRIEL BOUNOURE (»E. J. ou La guérison par le livre«, in *Les Lettres Nouvelles,* Juli-September 1966)

Neutrum: Un-Weg; vom Selben aufgehoben.
– Kein Weg in der Wüste, doch bisweilen das Relikt eines Schritts.

Von Nacht zu Nacht künden Erde und Luft, Wasser und Feuer von der göttlichen Neutralität.

»Sich erklären mit dem Unerklärlichen.«

GABRIEL BOUNOURE (Vorwort zu *Marelles sur le Parvis)*

». . . Indem sie jedes Verweilen ausschließt, eröffnet die Wüste dem fundamentalen Irrgang des Menschen die Unendlichkeit des Anderswärtigen. Kein Hier hat hier noch Sinn. Und wenn die menschliche Stimme in solcher Un-Gegend sich erhebt, kommt es jedesmal, innerhalb jedes Worts, zu einem Kampf zwischen ANWESENHEIT und ABWESENHEIT, wobei die ABWESENHEIT siegreich bleibt.«

GABRIEL BOUNOURE (»E. J., la demeure et le livre«, in *Mercure de France,* Januar 1965).

(Was gesagt werden kann, wird ausgesagt durch das, was niemals ausgesagt werden kann dadurch, daß es gesagt wird.

Im verschlüsselten Text sich auf die leeren Lettern stützen.

In der außerzeitlichen Anziehung des Positiven für das Negative und des Negativen für das Positive schreibt sich die Zeit des Neutrums ein.

Die Neutralität der Chiffre bezeugt die Buchstäblichkeit des Texts.)

•

Die Abwesenheit ist beharrlicher Himmel des Neutrums.

Nichts ist dem Neutrum unmöglich. An seinen Enden ist es gewahrte Unmöglichkeit: die Horizontlinie.

Das Ungedachte bleibt als Pforte vermauert, als Durchgang versperrt; neckischer Tod.

Ungeduldig ist das Denken. Das Ungedachte – das was dem Denken oder der Frage des Denkens sich entzieht – ist vielleicht endlose Geduld, reglos an der Böschung der Leere.

Dies Gewicht des Unpersönlichen, welches ist All . . .
Gewicht des Neutrums; erdrückendes Gewicht der letzten Welt.
Sterben heißt – das Neutrum endlich umgreifen; und es, leicht geworden, auf den Schultern tragen.

Neutrum, Mauer vorabgezählter Jahrhunderte, an der so manche Stirn, in Eifer und Demut, sich wundreibt und blutet.

Vom Sinn zum Un-Sinn, vom Leben zum Tod, vom Fluß zum Meer – breit sind des Neutrums sandige Alleen!

»Das Ungedachte«, sagte er, »ist – wer weiß? – das, was nicht mehr existiert – oder eher das, was nur als Hefe existiert – im Denken: das Davor vor Denken unvorstellbar.«

Rückkehr des Denkens zum Ungedachten als dem Ursprung? So gäbe es denn keinen denkbaren Ursprung. Und so verliert SICH unablässig GOTT in GOTT.

Dem Saft am nächsten ist das Neutrum.

Künftig wollen wir die Lücke des *Nichtigen* »Neutrum« nennen.

Erster Schritt

(Das Wort auferlegt dem Un-Sinn, dem es entstammt, seinen Sinn.

Der Sinn der Worte ist der ihres Abenteuers; der Sinn, den sie zugestehen – und den wir zuordnen sollen – ihrem eigenen Schwung und ihrem Schwund.

»Alles lernte ich durch die Vokabel kennen«, sagte er. »Das Wort enthüllt, enthüllt sich. Der Schriftsteller ist ohne Geheimnis.«

Rechtes Wort. Rechter Tod.

Das All ist in einem Wort. Der Tod des Worts ist Tod des Alls.

Dem unmöglichen Buch weiht die Vokabel eine unmögliche Liebe; von gemischter Freude und von Schrecken.

Den Wortsinn gibt es nicht; viel eher ein Gesetz des Sinns, das man achtet.

»Der Sinn«, sagte er, »wäre bloße Les- oder Hörübereinkunft, wenn ihn die frustrierten Lettern nicht immer wieder um ihr Körnchen Salz bereicherten.«

Einer jeden Vokabel ihren Sinnanteil; will sagen, ihren Anteil an der Offenbarung des Tods.

»Die Schrift, o ihr Kluft- und Firstlandschaften, ist getreue Replik unserer Errungenschaften und unseres Scheiterns im Tod; daher hat ein jeder von uns seine Schrift«, sagte er. »Und die Stimme nimmt deren Konturen auf.«

Ein und derselbe Name für das Leben und für den Tod: unser Name?
Gott hat einen Namen, den er vom unsern nimmt; eine Stellung, die die unsre schwächt.
»Nach der Art, wie er spricht, kann ich wissen, wie er schreibt – ob senkrecht oder geneigt, ob mit dickem oder dünnem Strich, und am Fuße welchen Bergs er stirbt«, sagte er noch.

Besänftigt sterben heißt – sterben ohne Worte.)

Also ist vielleicht das Denken die Richtung des Blicks, den die Worte, indem sie sie ändern, herausfordern.

Der Weg des Denkens ist erhellte Todesstrecke.

Geräumige Nacht des Buchs. Der Stern löst die Vokabel ab.

»Solltest du einstmals alle Sterne mit Namen kennen, wirst du«, sagte er, »beglaubigen können, daß du alle Bücher gelesen hast.«

Die hier zusammengefaßten Texte sind dazu bestimmt, außerhalb meiner Werke zu bleiben. Man soll ihnen diesen marginalen Charakter belassen, soll ihn gar betonen, damit die Lektüre freier vonstatten gehe. Dem GANZEN verdanken sie nichts, wohl aber – alles – dem NICHTS; daher ihr ungestilltes Streben nach dem GANZEN und ihre Urangst vor dem NICHTS.
Ich wünschte mir, sie würden aufgenommen als Schrift des Taumels, wo das Buch dem Buch sich öffnet.

> »Jemand ist schon dagewesen. Seine Spur *bedeutet* nicht sein Dagewesensein, so wie sie weder seine Arbeit noch seine Daseinslust *bedeutet* – sie *ist,* indem sie mit unabweisbarer Würde sich einprägt (man möchte sagen: sich eingraviert), das Störende schlechthin.«
> EMMANUEL LEVINAS (*Humanisme de l'autre homme,* IX, »La Trace«)

... vielleicht, jenseits der Zeilen, die Anlehnung an eine Achse der Wirrsal;
vielleicht jene entscheidende Waffe, der ich mich nicht zu bedienen weiß?

Das Wort schreckt nicht vor dem Wort, sondern vor dem Text zurück.

... jenes »Störende«, das sich jedem natürlichen Ordnungswillen widersetzt.

Geordnete, verunordnete Blätter; darin das Zeichen wacht oder ruht.

»Selbst ein Gott braucht einen Zeugen.«
Maurice Blanchot *(Le dernier homme)*

Nächste Ferne

. . . jener Zukunft, von der ich die ersten Worte schon kenne.

»To see darkness
the eye withdraws from
light in light.«
Rosmarie Waldrop

»der andre
der erste
des fadens seine reinheit
einzig
alle evidenzen sind ihm geheimnis.«
Anne-Marie Albiach

»eine Leere bildet sich und zeichnet
eine leere bildet sich und zeichnet
um mit ihrem Namen zu zerspringen.«
Joseph Guglielmi

»Es wurde ihm die Möglichkeit gewährt, einige Todespassagen zu lesen; Worte in den Ländereien *des andern* unterzubringen.«
Alain Veinstein

»dann nimmt der name ab
jedwedem wort vorweg
jedem metaphorischen

gelingen
eines tages werde ich den tod verlassen
sagte er
und die schrift wird sich lösen.«

CLAUDE ROYET-JOURNOUD

. . . jener Zukunft, deren Stille mich schon ängstigt.

Rabbi Av (der seinen Platz in meinem *Buch der Fragen* nicht gefunden hat) – wie hätte ich damals den Einfluß erahnen können, den er heute, an dem Punkt, wo ich mich befinde, auf mein Denken ausübt, wie es bei so vielen andern Rabbinern der Fall gewesen ist, deren Existenz ich mir habe einfallen lassen und von denen ich mich allmählich wieder gelöst habe; Rabbi Av, dem die Sprache seiner Werke – eine, so möchte man meinen, vor der Sprache gerettete Sprache – zur einzigen geworden war, gänzlich befrachtet mit Rätseln, hatte notiert: »Mein Name ist Av; so bin ich denn durch meinen Namen dazu verurteilt, an der Schwelle jeglicher Zukunft *(avenir)* zu verharren, deren zwei erste Lettern ich allein auf mich genommen habe.«
Was bleibt mir, nach ihm, zu sagen, der ich von der Zukunft einzig weiß, was sie, wird mein Name laut, verwischt.

Ich schreibe ohne Einbildungskraft, aus Mangel an Einbildungskraft.
Schreiben ist das Gegenteil von Einbilden.

Die Ewigkeit der Steine

»Ich habe die Erfahrung gemacht, daß ich, was auch immer ich unternehme, stets nur überdauere.«
ROGER CAILLOIS *(Approches de l'imaginaire)*

Zweifelsohne ist der Stein die am wenigsten beredte, gewiß aber die am ehesten nachweisbare Form der Ewigkeit.
Auf ihm erheben sich unsre Bauten, an ihm entfachen sich unsre Gewitter.

Wenn der Stein durchsichtig wird oder – genauer – wenn die Durchsichtigkeit Stein wird, lassen sich alle Träume der Erde lesen.

Die Ewigkeit spielt mit der Ewigkeit in der Lauterkeit ihrer großen reglosen Spiegel.

. . . abschüssige Ränder.

Und wenn das Gewitter auch im Kristall wäre?

»STEINE«
von
Roger Caillois

»Ich spreche von Steinen, die älter sind als das Leben und die nach ihm auf den Planeten zurückbleiben werden, welche erkaltet sind, als es die Bestimmung erhielt, sich zu entfalten. Ich spreche von den Steinen, die nicht einmal den Tod zu erwarten und nichts anderes zu tun haben, als den Sand über sich ergehen zu lassen, Niederschlag oder Brandung, Unwetter, Zeit.
Der Mensch beneidet sie um ihre Dauerhaftigkeit und Härte, um ihre Unnachgiebigkeit und ihren Glanz, darum, daß sie zugleich glatt und undurchdringlich und, sogar wenn sie gebrochen, heil sind. Sie sind das Feuer und das Wasser in derselben unsterblichen, bald von einer Glut, bald von einem Dunst beschlagenen Transparenz. Sie, die er mit der Hand umschließt, bringen ihm die Reinheit, die Kälte und die Ferne der Sterne bei – mehrfache Klärung.«

I

> Ein Buch, welches wächst in der Ferne wie in seinen Geständnissen der Stern.

Ein ungewohntes Buch.
Und wir haben dies zu berücksichtigen, müssen es empfangen, als hätte es, um uns zu erreichen, einen sehr weiten Raum durchmessen; daher dieses nahe und zugleich ferne Wort; ich würde gar sagen, es ist uns besonders nah, da es der dunkelsten der Zeiten zu entstammen scheint; daher auch dieses stetige Auseinanderbrechen, als ob alles sich verwischte und im Beginn erneut geboren würde; diese Stetigkeit, welche – im Stein – die Offenbarung eines blinden Treibens hinein ins Unsichtbare ist, eines unvergleichlichen Willens, zu überdauern und den Kreislauf zu vollenden.
Vom Trägen zum Trägen.
Nach Roger Caillois entdecken wir im Beschliffenen des Steins das Oval und das Rund, den doppelten Polyeder und die Raute, die wie dessen verblendete Wege und verblassende Rückwege sind, und erfahren ihr Geheimnis und ihre Kühnheit.
Mitte der vielfachen Vorstellung, des Kreises und seiner Metamorphose *im* Kreis, oder auch des Kreises und seiner Metamorphose *nach* dem Kreis – das Zentrum, als Wahrheitsknoten, ist von Mal zu Mal an anderm Ort.
Doch im Stein ist alles wahr, weil er im Tod existiert; weil er zugleich anonymes Gesicht der Welt und erster oder letzter, in glücklicher oder unglücklicher Abfolge begriffener Atemzug bei Tier und Mensch ist; weil in ihm letztlich alles vor dem Leben und außertods existiert.

So möchte denn das Werk in seiner Vollendung dem Vorbild des schlichtesten Kiesels entsprechen; jenem verbreiteten Bild, welches vom Meer, vom Regen und vom Wind gehegt und abgenutzt wird; denn auch Abnutzung ist – wie die Runzeln – Beweis für vorbestimmte Vollendung.

». . . das reinste, auch das einfachste, aber doch das einzig wirklich notwendige Profil.

In diesem anhaltenden Nachgeben, in diesem letzendlichen Elend ist ganz gewiß eine der denkbaren Formen der Vollkommenheit verborgen.«

Die Schönheit ruht – wie im gespaltenen Stein – auf dem Grund einer Wunde.

> »Auch ich erfülle, wenn ich, mit Mühe und in Freiheit meine Worte versammelnd, diese Seiten beschreibe, auf andere Weise jene gleiche Aufgabe, die noch keine Aufgabe und nichts dergleichen war, die aber dennoch die der Steine gewesen ist, deren Beschreibung ich versuchte.«

II

(Kreis, den der ins Wasser gefallene Stein hinterläßt.
Ah! werde ich mich wohl dereinst des Alls bemächtigen, indem ich von der Höhe des Riffs stets schwerer werdende Steine ins Meer werfe?

An diesem Tagesbeginn.
Bestrittene Mitte.)

»Kreis durch Zufall angetroffen im Achat, angeschnitten von einem Kreis daneben – hinterläßt uns den Eindruck eines gescheiterten Versuchs.«
»Demgegenüber bezeugt er seinen Ruhm, wenn er sich weit nennt und vereinzelt wie die Sonne in der Himmelsleere, auf dem glatten Grund von Achat oder glühendem Kristall.
Dann ist's ein Wunder.«

Im Stein ruht das erste Wort der Erde, das Endlose des Zeichens.
Vielleicht ist das All aus dieser gewagten Lektüre hervorgegangen.

Im Stein hört alles auf, sich zu verlieren, kaum daß er in seinem Sprießen erstarrt und seine Existenz weiter nichts ist als ewige Nicht-Existenz.

Ist Roger Caillois, indem er das All der Kristalle auf seine Weise explorierte, wohl unmittelbar zum Bewußtsein gelangt, eine Wahrheit angerührt zu haben, der er seit je verfallen war? Von daher wohl eine gewisse Gesetztheit, so etwas wie Abgeklärtheit – eine Gewißheit beinahe – in seinem Vorgehn, etwas, das jene Erforscher von Unmöglichem zweifellos herausspüren, welche zwar dem Wunder wehren, aber auch – im Namen der Idee, der sie verpflichtet sind – die Anmaßung überall dort anprangern, wo sie sich manifestiert.

Die leidenschaftliche Befragung der Welt der Minerale, die er entdeckt, veranlaßt ihn dieses Mal – und vielleicht zum ersten Mal – dazu, sich mit jedem ihrer Teilstücke so weitgehend zu identifizieren, daß er deren Schrift erlernen und ihr folgen kann; daß er – zum Gegenstand geworden, zum geplatzten Stein – mit sich selbst ein beispielhaftes Heft von Korrespondenzen führen kann, das ihn allmählich dazu bringen wird, sich durch eine neue Mythologie zu definieren, durch eine Metaphysik, eine Moral, eine Ästhetik – in diesen jenseitigen Regionen, wo das Leben und der Tod synonym sind.
So tritt er einer – seiner? – Schrift in jener Leere gegenüber, wo sie eingeschrieben bleibt wie die erloschenen Sonnen, welche den letzten Seiten seines Buchs das Siegel aufdrücken. Ein dem Zeichen und seinem Schweigen eingeprägtes Buch; will sagen – eingeprägt dem, was seine Abwesenheit dadurch bekräftigt, daß es gewesen ist, und eingeprägt dem, was sich, um zu sein, einen Namen gibt.

»In dieser ein klein wenig halluzinierten Vision, die das Reglose belebt und das Wahrgenommene hinter sich läßt, glaubte ich bisweilen eine der möglichen Entstehungsweisen von Poesie unmittelbar erfaßt zu haben.«

III

Wieder sehe ich mich in den Wüsten Ägyptens bei der Suche nach gelben – oder auch braunen – Feuersteinen, und wie ich sie ausgrub, sie aufhob wegen ihres menschlichen Gesichts, das unversehens aus ihrem Nichts auftauchen konnte, als ein Gesicht des ewigen Menschen, das die Zeit während Jahrhunderten, und nicht in Augenblicken herausbildet – wegen ihres dem Leben zuwiderlebenden Gesichts.
Allein, inmitten des Sandmeers, dessen Dünen die Erschöpfung des Winds bezeugen und die Verlassenheit der Welt, begnügte ich mich mit dem Anschein; während doch im Innern des Steins das Herz ingeniös auf den Tod hin arbeitet und das geschlossne All der Ewigkeit in himmlischen oder höllischen Pulsionen zur Schrift wird.

Fragment eines Briefs

Dank für die »Felder eines Schachbretts« *(Cases d'un échiquier)* – der Text ist für mich zum Gegenstand, zum Zentrum langen Nachdenkens geworden.
Das Vorwort zu diesem Werk läßt uns eine Gangart erkennen, die ihrer selbst durchaus sicher ist, die aber, zu gleicher Zeit, ihren eigenen Schritten nicht traut.
Und gerade unter diesem Gesichtspunkt müssen Ihre Bücher nunmehr gelesen werden. Die Befragung bewirkt bei einem jeden von ihnen eine Verschiebung der Grenzen. Jenseits – in den Weiterungen des Befragens also – spurt sich der Kommentar ein, der neue Befragung und neue Meditation bedeutet.

Da ist der Gegenstand Ihres Interesses, der so schwungvoll, so unerbittlich eingekreist wird – der aber auch entkernt wird, wie man eine Nuß entkernt, und angegraben, wie man einen Baum angräbt – und da ist anderseits das, was Ihrer Hand entgleitet, was erst andernorts – oder auch gar nicht – zu erfassen sein wird und das uns mit einem Schlag erhellt.
Das ist die Frage und, am Ende, die Verzweiflung über eine verweigerte Antwort.
Und da ist auch das Erzählte in seiner ureigenen Dimension.
Das Bedürfnis, im jeweils Gegebenen das Geheimnis zu erfragen, ist Eigenart Ihres Denkens: jenes Geheimnis, das nicht das Verborgene ist, sondern das, was in den untern Gründen spricht. So daß also die Sprache des Geheimnisses beständigem Fragen ausgesetzt bleibt.

Ihre Annäherung an die Dinge – und die Lebewesen – vollzieht sich zunächst, beinahe instinktiv, vermittels dessen, was sie verbirgt.
Um zu sehen, zu verstehen, gehen Sie aus von dem, was sich dem Gesicht und dem Gehör nicht unmittelbar erschließt. Geduldsuche. Spur in der auf unbestimmte Zeit aufgenommenen Spur.
Und dann beginnt das Geheimnis zu reden, und dieses Reden findet in Ihren Büchern bevorzugten Platz.
Ihre Gangart wird tastend, jedoch so, als wäre sie verzückt oder verschreckt von ihren Horizonten.
Schwindel packt uns angesichts der Leere, wo jedwede Wahrheit – auch jene, die dem Stein eingezeichnet ist – stirbt, um gewesen zu sein und fortzudauern im Tod; so daß ihr eigenes und eigenstes Schwinden uns nunmehr als ihre lichtvolle, in sich geschlossene Erscheinungsform vorkommt.
Fasziniert durch das, was nicht ist, müssen wir uns also den Gegenstand aneignen, indem wir ihn für seinesgleichen und die andern entbergen, um ihn zu vermindern – als wäre er das zu bezwingende, das zu überwindende Hindernis; so wie Sie das Verhalten von Ihresgleichen haben hinter sich lassen müssen, um in der Stille erneut mit ihnen zusammenzutreffen. Den Meistern der Vernichtung wie auch des Verzichts.
Alles hängt mit allem zusammen. Alles hat seine Entsprechung. Der Mensch – die Gläubigkeit des Menschen; der Krieg – das Fest; der Tanz des Insekts – die Reglosigkeit des Steins. Die Regel des Spiels ist Regel des Alls.
Sie führen uns, von Einfall zu Einfall, an die äußersten Grenzen unserer selbst. Die Augen gehn uns auf über

dem, was, da es an all seine Quellen gelangt ist, Spiegel einer Welt bleibt, die zu ergründen wir, indem wir uns darin betrachten, niemals müde werden: Welt der Schrift, in der die Welt erwacht und zur Ruhe kommt, erwähltes Wort, durch das wir uns an uns selbst und am Raume messen, als müßten wir leben – und sterben – in dem, was bloß herrscht, um beherrscht zu werden, und müßten herrschen unsrerseits.
Die Vokabel ist Abstand im Nicht-Abstand; das heißt – Weite einer Trennung, verstärkt durch einen jeden Buchstaben, der sie aufhebt. Was gesagt wird, wird stets in Funktion dessen gesagt, was niemals zum Ausdruck kommen kann. Und an jenen äußersten Grenzen erkennen wir uns.

... aber streng sind Sie zu dieser vom Sand gequälten Rose. Eine bestimmte Wahrheit, jene, die die Wüste lehrt, hat sie in sich selber sich verlieren lassen, als hätte sie Strafe dafür verdient, daß sie es wagte, Blume zu sein.

Der Augenblick danach

1

»Das Auge fängt ein, was es auslöschen wird. Es kann, was dem Tod entgeht und was das Unsichtbare ist, nicht erfassen«, sagte er.

»Das Auge ist menschlich. Das Auge hat Adam sterblich gemacht.
Als Adam die Augen auftat, erzitterte Gott.
Adams Fall ist des Auges Triumph.«
»Gott hat keinen Blick«, sagte er noch.

Gott weiß: Er ist blind. Der Mensch lernt kennen, was seine Augen ihm vorenthalten. Jegliche Kenntnisnahme vollzieht sich durch die Wahl. Die Wahl ist Garant des Mords.

»Du sollst nicht töten«, gebietet Gott. Hoffte Er denn, der Mensch würde wieder erblinden?

»O Herr, weshalb aus mir einen Mörder machen, indem ich mit Gesichtssinn ausgestattet werde, und mich dann verurteilen wegen meiner offenen Augen?« hatte ein Rabbiner geschrieben, dem ich begegnete, kurz nachdem die letzte Seite des »Buchs der Fragen« *(Le Livre des Questions)* abgefaßt war.

«GOTT schuf die Welt dem Blick der Kreatur entsprechend, damit sie alle, einer durch den andern, stürben«, hatte er notiert.
»GOTT schuf die Welt, will heißen – GOTT erschuf SICH, um vor des Menschen Blick bestehen und um SEINE Macht zeigen zu können dadurch, daß er SICH ihm entzieht«, hatte er anderweitig notiert.

Den besten Liebesbeweis, den die Kreatur GOTT hat erbringen können, war die Anerkennung seiner Unsichtbarkeit.

Die Welt wird mit dem Auge erlöschen. Alles wird, wie im Beginn, gesagt sein.

2

». . . der tödliche Aufschlag des Augs.«
JACQUES DERRIDA

3

Das Auge ist die weiße Seite. Es erliegt dem Blick.

Du wirst aus dem, was du siehst, deine Schrift, aus dem, was dich sieht, deine Lektüre machen.

Das Auge ist Vergessen. Das Vergessen erschauter Dinge und verschwiegener Blick des Vergessens.

Du wirst nichts tun. Wirst dich zersetzen.

Brief an Jacques Derrida
über
Die Frage des Buchs

»... immer wieder habe ich versucht, die Philosophie erneut in Szene zu setzen, in eine Szene, die sie nicht beherrscht.«

Jacques Derrida

(Reden, schweigen heißt bereits – auf Differenz verweisen.

Wo die Totalität weiß ist, kann auch das Fragment nur weiß sein.

Ein Tropfen Bluts, das ist die Sonne des Buchs.)

Der brandstiftenden Letter werden wir das Recht auf Brandstiftung zugestanden haben.
Das Wort ist Welt in Flammen.

Gott brennt unablässig in den vier Feuern Seines Namens.
O ständiger Tag im vergänglichen Tag.

»Heute Abend will ich, wie jede Nacht, bei der Helle meiner Kerze ein paar unerfüllte Blätter mit exhumierten Worten füllen.
Auf der andern Seite des Tischs verfaßt GOTT SEIN Buch, dessen Rauch mich einhüllt; denn die Flamme meiner Kerze dient ihm als Feder.
Was denn wird mein Buch in Kürze sein, wenn nicht ein wenig Asche auf einer der Seiten des SEINEN?
Für die Schrift gibt es keinen geschützten Raum«, schrieb vor drei Jahrhunderten ein verkannter Rabbiner, dessen Namen zu enthüllen ich mir spare.

Und außerdem schrieb er: »In jeder Vokabel trennt mich von GOTT eine lodernde Wand, und GOTT ist, mit mir zusammen, jene Vokabel.«

Das Feuer kann in dem Wort, das es schreibt, nicht verlöschen. Ewigkeit des Buchs, von Feuersbrunst zu Feuersbrunst . . .

Immer wird es bloß ein einziges für das Feuer bestimmtes Buch geben, dem man alle Bücher opfern wird. So schreibt sich die Zeit in die Asche der Zeit ein und das Buch GOTTES in die irren Flammen unsrer Bücher.

(Das Feuer ist Jungfräulichkeit des Begehrens.)

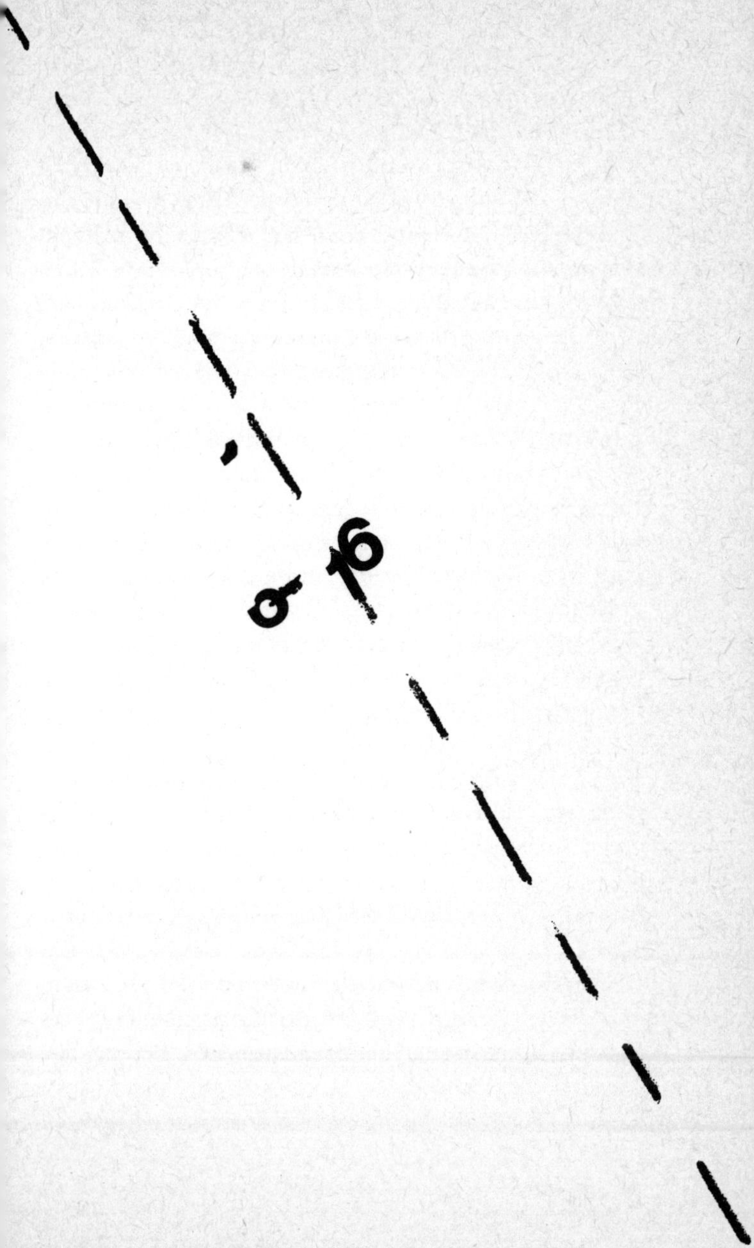

Wenn ich, um der mir zugestellten Einladung zur Mitarbeit an einer Ihnen gewidmeten Nummer von *L'Arc* nachzukommen, durch Vermittlung dieser Zeitschrift den Entschluß gefaßt habe, mich direkt an Sie zu wenden, so deshalb, weil an dem entscheidenden Punkt einer Praxis des Schreibens, an dem ich nun angelangt bin, im Innersten – und oftmals in der schwärzesten Nacht – solch unablässigen Befragens der Letter und des Zeichens (begriffen in ihrem gefahrvollen Werden als Vokabel und als Buch), man zum Andern – oder vom Andern – nur mehr mit der Stimme des intimen Zwiegesprächs reden kann, mit jener Stimme, die befrachtet ist vom Horchen einer Stimme, von der man weiß, daß sie einstmals für sich selbst das Schweigen gebrochen hat.

Aber auch deshalb, um meine Irritation darüber zurückzuhalten, daß die Befragung des Worts plötzlich für viele zum Gegenstand eines in seinem verfehlten Wagemut abgekarteten Spiels geworden ist, geschickte Vereinnahme dessen, was so leicht nicht zu erfassen ist.

Die Chiffre ist uns bekannt, ist übermittelt, und von ihr, von diesem Wissen, von solcher Vergewisserung des Geschriebenen hat die Lektüre auszugehen: Lektüre, die man, auf der Ebene des Texts, als offen bezeichnet; doch welchen Texts? da doch dieser (ist er einmal redigiert) –

denn aus dieser Lektüre werde ich meine Schrift machen – nichts anderes sein kann, als die Anwendung einer vorab anerkannten Theorie, einer mit all ihren subtilen Kombinationen und Machinationen aufgegriffenen Methode, deren Konsequenzen man nicht einmal an sich selbst ermessen kann, auf die man aber doch das Buch gründet.
Die weiße Seite ist kein Raster, dem man sich anzupassen hat. Gewiß wird sie es noch werden, doch um welchen Preis?

So werden denn auch die bedeutenden Werke unserer Zeit zumeist in Funktion einer momentanen Voreingenommenheit angegangen, und dies vor allem in bezug auf das, was man ihnen entnommen – was man gewonnen – hat und worauf man sich in der Folge mit Leichtigkeit wird beziehen können.

Am äußersten Ausläufer der Küste erstellt man den Leuchtturm: seinen Steinturm und sein Leuchtfeuer. Und man wird zu seinem ehrenwerten Wächter; doch vergißt man, daß der Leuchtturm keinen andern Zweck hat, als den Ozean mit seinem Licht zu bestreichen und das Schiff in der Nacht, in die es getaucht ist, zu lenken, um ihm das Ankern im sicheren Hafen zu gestatten.

Die Bewegung des Buchs ist die verliebter aggressiver Wogen, welche die Feder, gleich einem Flammenbündel, des Abends, da die Schrift sich entfaltet, erhellt und deren Ächzen und Rollen, deren Schreie und Röcheln vom Wächter des Leuchtturms wie auch vom Schriftsteller aus der Ferne wahrgenommen werden;

daher gibt es weder die *Lust* – nur – *am Text,* noch die Langeweile, den Schrecken, die Wut. Man kann sich nicht ausschließlich an einen dieser mehrdeutigen Momente klammern, wenn doch der Text als Zeitablauf – und anders wäre der Text kein Text – in seiner Eigenständigkeit all den Haß und all die empfundene Wollust bezeugt, all das von der Welle versprengte Sperma und Blut, das uns, der Vokabel entquollen, zuteil wird.

Wir gehen stets vom geschriebenen Text aus, um auf den zu schreibenden Text zurückzukommen, vom Meer – auf das Meer, von der Buchseite – auf die Buchseite. Vielleicht ist das Schiff auch die bedrängende, in unseren Lichtbahnen gefangene Vokabel, kurz gesichtet und verfolgt, dann wieder verschwunden, die aber stets von neuem vor uns auftaucht, wie sie auch im Papierrechteck auftaucht oder in jenem schmalen Ausschnitt des Ozeans, den sie im Vorüberziehn weiß werden läßt; der Schaum nämlich ist Wundfluß.
Flammenbündel! Schon immer habe ich in meinem Geist das Bild des Leuchtturmwächters mit dem des Feuerwehrmanns am äußersten Ende seiner Leiter in Verbindung gebracht: der eine sucht den Brand zu löschen, der andre, das Meer zu entzünden. Beide lassen den Tod sichtbar werden.
So manche Bauten brennen auf dem Grund des Wassers. Der Tag und die Nacht sind ein und derselbe Einsatz von Asche.

Verläßt man das Buch, so verläßt man es nicht: man haust in seiner Abwesenheit. So auch, außerhalb ihres

gemeinsamen Raums und einzig lesbar für sie, der Wächter am Fuß des Leuchtturms und der Schriftsteller fern vom Tisch.
Die Abwesenheit des Buchs hat ihren Ort diesseits und, zu gleicher Zeit, jenseits der Vokabel; doch steht sie auch geschrieben an den Rändern des Schrifttexts – als das Verwischte der Schrift.

Die Schreibbewegung ist in erster Linie Bewegung des Arms, der Hand, hingegeben an ein Abenteuer im Zeichen des Dursts; doch die Kehle ist trocken, und ganz Erwartung sind Leib und Gedanke. Erst später stellt man fest, daß der Unterarm auf dem Blatt die Grenze markiert zwischen dem, was geschrieben wird, und einem selbst. Auf der einen Seite die Vokabel, das Werk; auf der andern – der Schriftsteller. Umsonst werden sie nach Übereinstimmung suchen. Das Blatt bleibt Zeuge zweier Monologe, die kein Ende haben, und wenn die Stimme verstummt, ist Abgrund hier wie dort.

Der Unterarm schränkt uns ein, bedrängt uns. Darum herum verschwendet sich das Wort. Als wir zur Feder griffen, glaubten wir eine Art von ermutigender Fülle und Einheitlichkeit finden zu können. Doch dann ist nichts mehr so wie zuvor. Von uns selbst durch den eigenen Übermut getrennt, unseres Guts beraubt, besteht unsere männliche Spontanreaktion darin, daß wir jener rebellischen Tintenstimme Meister zu werden versuchen, um sie uns anzueignen.
Nun wahrt jedoch das transkribierte Wort, dem wir Ketten angelegt haben, von denen wir naiverweise dach-

ten, wir könnten sie ein für allemal festmachen, seine Freiheit für die Zeit seines nächtlichen Dauerns. Verblendete Freiheit, die uns schreckt und ängstigt.

Hinter den Schranken, den hier gezogenen Zeilen des Buchs, sehen wir zu, wie es in dem unermeßlichen Reich, welches das seine ist, sich reckt. So daß es uns also vor allem mit der Leere konfrontiert, wenn auch gewiß nicht, um sie zu verringern; sondern um deren endlosen Taumel zu verspüren. Innerhalb und außerhalb einer jeden imaginären Umfriedung beginnt und vollendet sich die Schrift in ihrem ständigen Beginnen; beginnt und vollendet sich unser leidenschaftliches Fragen nach einem Absoluten – das Buch, das letztlich, außerhalb der Zeit, nichts anderes ist als der weiße Grund, auf dem seit Tagesanbruch die Schatten unserer gezählten Vokabeln tanzen. Dort hat der Tod seinen Höhepunkt erreicht, wo alles noch zu sagen bleibt.

Die Lektüre des Texts wird auf mehreren Ebenen der Gewaltanwendung vollzogen; es genügt zu unterstreichen, daß in der Bleibe Unheil haust.

Nur in der Fragmentation wird die unausmeßbare Totalität lesbar. So begegnen wir dem Fragment denn auch stets mit Bezug auf eine erdachte Totalität; solche Totalität stellt es jeweils vor in einem überkommenen, einem erklärten Teil, und gleichzeitig wird es, durch seine wiederholte Bezweiflung des Ursprungs, an dessen Stelle es sich setzt, seinerseits zum Ursprung jedes möglichen, jedes aufweisbaren Ursprungs.

Das Auge ist Führer, ist Leuchtturm dieser fruchtbaren »Dekonstruktion«, welche sich in zwei Richtungen vollzieht – ausgehend von der Totalität, um zum letztendlichen Fragment zu gelangen, und ausgehend vom winzigsten Fragment, um durch ihr eigenes Schwinden die Totalität wiederherzustellen, indem sie sich gegebenenfalls im Nichts des übermächtigen Fragments verflüchtigt. Das Auge macht – *Es* ist – das Gesetz. Das Unsichtbare fordert uns heraus hinter allem, was zu sehen ist, und tut es so, als ob es, in seiner Abwesenheit, bloß das wäre, was sich in dem verbirgt, was sich zeigt – oder auch das, was uns verbirgt, was gleichwohl sich zeigt – und als wäre die Stille das, was in einem ausgesprochenen Wort verschwiegen bleibt.

Welcher Bewegung, welcher Verweisung – oder Ausweisung – der Schrift haben wir die Bewußtwerdung jenes Unsichtbaren, jener Stille zu verdanken? Was noch ungesehen ist, was nach der Stille Stimme zu werden verspricht, fasziniert uns. Der Bereich der Schrift ist ein zwiefacher. Der Ort des Buchs ist für immer ein verlorener Ort.

Denke ich an Sie, an ihre fragenden und befragten Annäherungen an das Buch, denke ich an Ihre Wege, die – alle – ein und derselbe Weg sind, freilich gezeichnet von bedeutsamem Hin und Zurück – so, als könnte man sich wirklich fortbewegen einzig dann, wenn man es zum vornherein auf sich nimmt, zu seinem Ausgangspunkt zurückzukehren, der ja doch für alle Gänge Ausgangspunkt sein soll, und stelle ich mir dann ebenfalls die brennende Frage: Was ist das Buch?, dann finde ich jene

– auf die eindringlichsten und bedrängendsten Fragen erteilte – Antwort, wie ein kabbalistischer Rabbiner sie vorgelegt hat, der, ich kann es versichern, von dem, was wir heute als Schrift bezeichnen, mehr wußte, als man es sich vorzustellen vermag, der aber vielleicht auch gar nichts davon wußte, da er vorwiegend mit Fragen des Symbolismus befaßt war, doch was tut's? – eine Antwort jedenfalls, die ich, abgekehrt von ihrem ursprünglich mystischen Sinn, Ihrem Nachdenken wörtlich unterbreiten möchte; das *Buch* wäre demnach das, was »mit dem Schwarz des Feuers ins Weiß des Feuers geritzt ist«. Schwarzes Feuer auf weißem Feuer. Endloser Verzehr des heiligen Pergaments und des unheiligen Blatts, die geweiht sind den Zeichen, als wäre das, was eingezeichnet – mit-unterzeichnet – ausgeschrieben ist, lediglich vollführtes Flammenspiel, Feuer von Feuern, »Wortfeuerwerk«, sagten Sie unlängst in einem Gespräch. Vertrauen in das, was gereinigt stirbt, um wiedergeboren zu werden aus dem Wunsch nach einem reinigenden Tod, dank dem die Vokabel ihre Lesbarkeit durch die Lesbarkeit einer zu »differierter« Lektüre vorgerückten Zeit erweitert, von der man nun weiß, daß sie Lektüre einer jeden Lektüre ist; Zeit, noch immer aufgehoben in der aufgehobenen Zeit.

Vollzöge sich denn für den Schriftsteller alles in einem Vor-Buch, dessen Ende er nicht abzusehen vermag, dessen Buch das Ende wäre? Doch nichts ereignet sich, was sich nicht bereits ereignet hätte. Das Buch ist an der Schwelle. Dies bestätigt uns auch das Vorhaben, das Sie hegen, die Bahn, die Sie wählen – was uns, vom Bestreben her, insofern paradoxal vorkommen könnte, als es

für Sie doch darum geht, den Weg zu verminen und, gleichzeitig, ihn zu verlängern, als könnte er einzig in seiner stetigen Verlängerung – und durch sie – existieren.
Ihre »Dekonstruktion« wäre folglich nichts anderes als die Entfachung ungezählter Feuerherde, zu deren Ausbreitung Ihre Lieblingsphilosophen, -denker und -schriftsteller beitragen, die Sie auf ihre Schriften zurückführen: »Valéry erinnert uns daran, daß die Philosophie geschrieben wird.« Platon, für den die Schrift »Heilmittel« und »Gift« zugleich ist, nämlich ein »Heil-Gift«, mißtraut ihr, doch auch dieses Mißtrauen wird Schrift.

Durch die Schrift wird alles wieder in Bewegung gesetzt, in Frage gestellt. Nichts ist im *Sagen* so ganz gesagt, daß es nicht nochmals – doch anders – gesagt sein wollte. So daß das Sagen also gleichermaßen die Offenbarung und das in ihr enthaltene Versprechen des Sagens ist. Auch auf dieser Ebene spielt die Dekonstruktion, indem sie jene Momente befehligt und in Bereitschaft hält, da das Wort sich spaltet und in seinen aufeinander abgestimmten Gegenteilen sich neutralisiert; »denn die für sich selbst zur Grenze gewordene Grenzenlosigkeit ist's, von der sie durch die neutrale Beglaubigung kündet, die, stets von jenseits sprechend, in ihr spricht.«
So nehmen denn all Ihre Bücher Bezug aufeinander und versammeln Rücken an Rücken Ihre bevorzugten Exempel.

Was mich, da ich doch jede vernommene Antwort unablässig in Frage stelle, und dies mit einer Strenge, die ihresgleichen sucht, in all Ihren Schriften wie auch in der Bestimmung, die aus Ihren Schriften hervorgeht, immer gleich bezwungen hat und was Respekt erheischt vor Ihrem tiefgreifenden Versuch, das Unumgreifbare durch bestimmte Eingriffe umgreifbar zu machen – das ist jene uneingeschränkte Hingabe an das Wagnis, welche ein gesamtes Werk durchwirkt, das jene, die Sie auf etwas festzulegen suchten, recht bald ermüden müßte; das Wagnis, um genau zu sein, das uns das im Entstehen und im Vergehen begriffene Buch mit ihm einzugehen zwingt, und zwar in jeder Phase seiner Evolution, in seiner Wortwerdung ebenso wie in seiner Verwerfung.

Wenn Sie, ausgehend von Hegel, dem »letzten Philosophen des Buchs und dem ersten Denker der Schrift«, von Husserl, Nietzsche, Freud, von Heidegger, der uns zugleich am nächsten und am fernsten ist, scheinbar ganz zwanglos bei Mallarmé, Bataille, Artaud haltmachen, denen Sie auf Ihrem Weg begegnet sind, so, wie ich glaube, weniger um Ihr Forschungsfeld zu erweitern, den eingeschriebenen, den umgeschriebenen Ort Ihrer Sorge in der unsinnigen Hoffnung, eines Tags den Kreis zu schließen, als vielmehr, um Ihren Fragestellungen zusätzliche Abgründigkeit zu verleihen; denn wahrhaft stellt sich die Frage nach der Schrift – und auch, da eins mit dem andern verbunden ist, nach dem Sein – erst auf Grund des Abgrunds.

Anscheinend liefe alles wie beim Schachspiel ab; doch welche Strategie zu Hilfe nehmen, wenn das Schachbrett – wie etwa im Fall Mallarmés – gänzlich weiß ist? Welches Spiel wäre da noch denkbar, wo man den Spielern jedwede Möglichkeit zu spielen nimmt? Da, ab da beginnt das Abenteuer.

Weiß ist nicht die Farbe der Ruhe, Sie wissen es, Sie sagen es. Soviel reines Blut ist im Weißen. In ihm vermählen und verlieren sich Begehren und Wunde, Kuß und Kampf. Wenn das Blatt, an das wir uns halten, nicht die Leere ist, ist sie das »Hymen«, das »Tympanon« einer verzückten oder eingeschüchterten Verkörperung jener Leere, in die die Feder dringt. Vorbei der Augenblick der Lust oder des Opfers – doch der fleischliche Akt erhält Dauer, und die Stille ist fortan erfüllt von seltsamen verhaltenen Klängen.

Eine freilich von der Schrift getragene Gegen-Schrift – als das prüfende Gegen-Teil oder der Wider-Stand, woran sie sich stößt, woran sie zerbricht – sucht sich durchzusetzen, wo die Reflexion der Brandung vorgreift; doch da ist schon der Strand, der Sand, das allmähliche Schwinden einer nachgebildeten Spur, die nichts anderes war als die kühne Markierung einer offenen Frage. Der Strand ist überflutet vom »weißen Blut« des Meers. Die Spur geht unter im Blut. Das Verschwinden wäre soviel wie Wogen von Blut an einem verlassenen, vollgeschriebenen, von Fußspuren übersäten Gestade.

»Die Sprache verwirklicht, indem sie das Schweigen bricht, was das Schweigen gewollt und nicht erreicht hat«, schreibt Merleau-Ponty. So ergibt sich denn die Frage des Buchs aus dem Bruch – Bruch im Tod, Bruch des Tods –, aus der fatalen Spalte, die sie dem Tod überantwortet, indem sie sie einführt. Frage an das Nichts, an die Leere; Frage jener Leere, an der das Wort irre wird, kraftlos, und dennoch über die Frage verfügend.

Fragen zu stellen, schreibt Heidegger, das bedeute, lebenslänglich warten zu können. Die Frage aufzuschreiben, das Aufschreiben der Frage zu befragen ist anspruchsvoller, es erfordert den Übertritt ins Jenseitige, den Schritt über den Tag und das Leben hinaus – in den Tag und in das Leben selbst; ja in jene Wüstenregionen – ist die Wüste denn nicht Staub von Fragen? –, welche das Denken in seiner konturierten Klarheit und der Mensch in einem fertigen Wort bis zur Vernichtung mit hechelnden Fragen bedrängen.

Der Sand antwortet nur dem Sand und der Tod allein dem Tod.

Ihren »Randstellungen« fehlen die stärkenden und klärenden Konturen; Ihre »Positionen«: »Disseminationen«. Von Ihnen Beruhigung zu erhoffen heißt – sich abwenden von Ihnen. Sie brennen nieder, was sich am Rand des Feuers befand. Rar, sehr rar sind jene, die mit ebensolcher Intensität die Schrift durchleben. »Ein ganzes Leben«, in der Tat, kann nicht genügen, um den Brand einzudämmen.

Sie sind gegen jegliche Unterdrückung und vor allem, wo das Buch Sie ansucht, gegen jene Unterdrückung, der die Letter ausgesetzt ist; denn vielleicht ist die Letter ein vom Ursprung abgebrachter Ursprung deshalb, weil sie an ein Signifikat gebunden ist, deren Last sie teilweise zu tragen hat.

So wurde denn – insgeheim, stillschweigend – im Wort *Differenz* (différence) ein Buchstabe, der siebte, ausgewechselt durch den ersten des Alphabets. Und dies genügte, damit der Text ein anderer wurde.

Sie haben sich zu diesem neuen Wort mehrfach geäußert; es zerstört und erschafft einen Raum, wo alles hinfällig wird, indem es, sie »differierend«, seiner potentiellen Differenz gegenübertritt und sich ihr öffnet; will sagen: dem, was es, in seiner textuellen Vielfalt, auf unbestimmte Weise mit sich selber konfrontiert und verbindet.

Das Wort *Differanz* (différance) steht hier als Synonym für *Mine*. Mine, Graphitstift für den Strich; Mine, unterirdischer Reichtum; Mine, Sprengstoff.

Der durch Differanz geschaffene Raum ist also gleichermaßen Raum, wo sich die Spur abzeichnet, Pyramide, wo der Pharao bestattet ist – »pyramidale Stille der graphischen Differenz«, »Gruft, der man keinen Widerhall verleihen kann«, die man aber geschändet hat, aufgerissen mit Dynamit, so daß der Abstieg in die Mine gleichbedeutend wäre mit dem Abstieg in den Tod, in die Nacht der Vokabel, deren Schätze man raubt –, und, »mit einem Wort zu spielen, das kein Wort, mit einem Namen, der keinen Namen hat«, blendende, schwarze, das Zeichen gebärende Absenz – »das Zeichen vergegenwärtigt die Gegenwart in deren Abwesenheit« – in dieser Zeit, die nur mehr außerzeitlich ist, Gold-Zeit, und in der die Schrift sich regt.

Und nochmals dann das Wort »Differanz«, das die Präsenz differiert – »wenn die Gegenwart sich nicht vergegenwärtigt, bedeuten wir, nehmen wir den Umweg über das Zeichen; wir nehmen oder wir geben ein Zeichen«: auch es entspräche hier dem Wort »Mine«, wäre griechische Münze und – warum denn nicht? – soviel wie Mienen, Spiel der Physiognomie, Ticks und anderes, was es bezeichnet.

»Als nicht-voller, nicht einfacher Ursprung, als der strukturierte und differierende Ursprung der Differenzen«, die Differanz stellt die Präsenz bloß, indem sie sie von der Zeit absetzt. Die Zeit der Gegenwart ist nicht die gegenwärtige Zeit, ist vielmehr Möglichkeit, Erwartung, Qual der Zeit, ist Aufmerksamkeit, gezollt der Zeit, deren Schrift das Laster ist.

Und wo sie vertauscht wird – Ort der Hortung und der Verschwendung des Zeichens, das sie vereinfacht.

In einer Letter allein kann das Buch enthalten sein, das All. Die Lektüre des Buchs ist, auf diesen Seiten, maßlose Lektüre einer Letter, die uns in fernste Fernen führt, so daß wir, indem wir uns entfernen, unsre Differenzen umspannen, auf jenen Um- und Abwegen, über die wir, von der einen zur andern gelangend, die Differanz erreichen und wo das Buch in einer vom Blatt überlieferten Absenz als gedrucktes Buch sich präsentiert. Absenz einer abgewiesenen Absenz, die kraft der Präsenz sich entwirrt.

Der Blick teilt. Auf der einen Seite das Feuer; das Feuer auf der andern. Das »Schwarz des Feuers« ist des Abends Brand gegenüber dem weißen Brand des Morgens. Zwischen diesen beiden Bränden – Raum eines Sekundenbruchteils, Zeit der Vermählung der Flammen – Einbruch eines vertrauten Gesichts. Das Geräusch der

Worte im Buch besteht bloß aus Geräuschen, die das Feuer macht, aus Gesten, die zum Stimmengemisch der Flammen geworden sind.

> »Der philosophische Diskurs verliert sich immer wieder zu einem bestimmten Zeitpunkt; vielleicht ist er ohnehin nichts anderes als ein unerbittliches Verlieren und Sich-Verlieren. Auch daran erinnert uns das entwürdigende Geraune: *es nimmt seinen Lauf*.«
>
> Maurice Blanchot

– . . . *es nimmt seinen Lauf wie Tinte.*

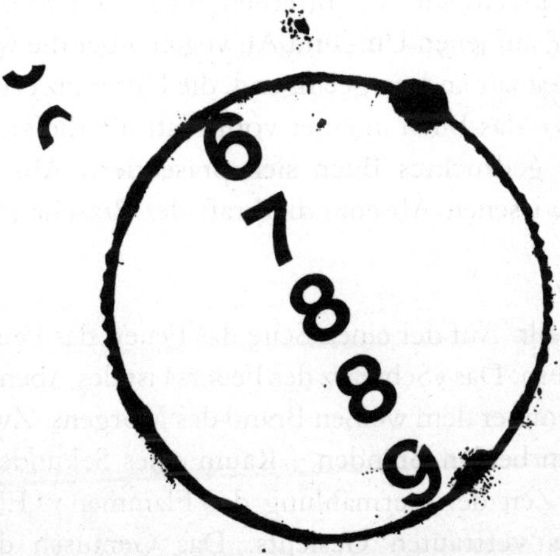

Der Flügel und das Band

I

Feierlichkeit gewisser Begegnungen. Die so folgenschwer sind,

und doch so leicht erträglich,
falls . . .

(Die Entfernung ist Taumel der Kurve; doch welches Zentrum wird dereinst ihren Zirkel festlegen können?)

. . . dieser Einsatz des Künftigen, um der Zeit zu entkommen.

– Die Zeit ist ein Gedächtnis ohne Gegenstand. Die Zeit zum Erinnern zwingen heißt soviel wie – die Zeit anhalten.

II

Stern
des Vorrangs – es gibt einen Code des Vorrangs auch bei
den Opfern; die Henker haben ihn sorgsam erstellt –
der Übereinkunft,
der Entzweiung,
des Verfalls,
der Vertretung,
des Leidens,
der Wachsamkeit,
der Wiedergeburt,
aufgegangenes Gestirn, vom Tod hintergangen,
– blank –.

(Sternengewimmel, doch es ist der goldenste, der, den zweifellos das Blut gegilbt hat, welcher dem Auge wehtut, Stern, den zu tragen einstmals, irgendwo im Westen, die Leprösen, die Juden und die Huren gezwungen waren, den aber nur die Juden, die dem Himmel durch ihr Unglück näher sind, erneut gebüßt haben inmitten dieses düstern Jahrhunderts.)

Noch jedesmal erhöhter Preis, den wir wohl werden entrichten müssen, wenn wir die Stunde unserer Vernichtung im Buch um ein weniges verzögern wollen; der heimliche, doch wilde Wille, den herrischen Schaffensakt aufzuheben, im voraus einzuwirken auf das, was im Begriff ist, geschrieben zu werden, wie auch auf das, was künftig nicht mehr wird geschrieben werden können.

Auf ein unbeflecktes Leben und auf einen unbefleckten Tod setzend.

»Töten«, sagte er, »ist, wenn man einzelne Buchstaben entsprechend (v)ersetzt, enthalten in den Wörtern *sehen, hören, reden, schreiben.*«

Der Gottesmord ist unlesbarer Mord.
Auf dieser Ebene kann man von fern und aus der Nähe gleichermaßen morden.

Die Ekstase des Mystikers ist vielleicht, absolut gesehen, der höchste Genuß am perfekt ausgeführten göttlichen Mord.

(Welche Leere lockt mich? Nach dem NAMEN *und dem Gesetz, nach dem Zeichen und der Asche, ah! von all den Leeren, meine Stimme?*

. . . wenn das Auge hörbar wird und die Stimme – klingender Blick.)

Von jener Angst vor allem, die die Wolken weißelt, war meine Stimme, in der Verzweiflung, nichts als der wiederholte Hilferuf; wer wird mich von dieser apokalyptischen Angst vor NICHTS – Schrecken der letzten Stille – befreien?

. . . deshalb bleibt die Letter das immer wieder zu beseitigende Hindernis bei der Bannung der Angst. In Übereinstimmung mit dem Tod zu handeln heißt, in diesem Stadium der Gnade, schreiben unter Schutz.

An der Stimme zu sterben ist ein Sterben am Wort des Gesichts. An der Letter zu scheitern ist ein Scheitern am Gesicht der Vokabel.
Im ersten Fall ist das Auge Brand des Brunnens und im zweiten – tiefer Brunnen eines Brands.

Der Sand nährt die Flammen, die er anderweitig erstickt. Die Wüste – zunächst trostlose Weite des Begehrens – besteht aus Myriaden von lebenden und toten Augen.

Wie der Kiesel am Kiesel, so reibt sich Gottes weißes Auge am grauen Auge des Menschen und läßt das Feuer springen.
Das All ist Spielball solchen Feuers; ist das *allemal Gespielte.*

Die Nacht des Augs hat ein für allemal die Tinte in Versuchung gebracht. Das Gold ist im Wort wie eine Konstellation von Hymnen. O Sang des Nach-Tods.

»Bist du verworfen vom Buch, gib acht, daß du nicht mit leeren Händen dastehst in der Abwesenheit allen gewöhnlichen Lebens und allen üblichen Tods«, hatte er geschrieben. »Solche Abwesenheit ist nicht die Absenz, sondern das vage Vergessen der Schöpfung.«

(»Ich werde den Tod narren, indem ich nichts von dem behalte, was verwesen könnte.«)
BERNARD NOËL *(Les premiers mots)*

Von der Angst, I

»Ich möchte heute eine grundsätzliche Erklärung abgeben zu einer Befindlichkeit, die im Schwinden ist: *ich habe Angst.* Und doch fühlte ich mich niemals gehalten, die Wahrheit darüber zu sagen, von Mal zu Mal wird deutlicher, daß mein Verfahren das eines Kranken ist, zumindest das eines erschöpften und verbrauchten Menschen. Die Angst ist es, die mich hält – oder das Entsetzen über das, was in der Totalität des Denkens vor sich geht. Gott ist erschreckend, wenn er nicht das Gleiche ist wie die Vernunft – Pascal, Kierkegaard. Ist er jedoch nicht mehr das Gleiche wie die Vernunft, stehe ich vor der Abwesenheit Gottes. Und vermischt sich diese Abwesenheit mit der letzten Sicht der Welt, der nichts Utilitäres mehr anhaftet und die, anderseits, mit künftigem Lohn oder künftiger Strafe nichts zu schaffen hat, so stellt sich letztlich nur noch die Frage:

... die Angst ... ja, die Angst, die einzig von der Unbegrenztheit *des Denkens* eingeholt werden kann ... *die Angst, ja, doch Angst wovor?* ...

Die Antwort erfüllt das All, sie erfüllt das All in mir:

– ... natürlich die Angst vor *Nichts.*

Natürlich muß ich zittern dann, wenn das, was mir in dieser Welt Angst macht, durch die Vernunft nicht in Grenzen zu halten ist. Ich muß zittern dann, wenn die Möglichkeit des Spiels mich kalt läßt.«

Georges Bataille *(Le coupable)*

Er hatte vor dem Schwarz der Tinte Angst; aus diesem Grund schrieb er denn auch.

Heute haben die Schriftsteller zu ihrem größeren Teil vor nichts mehr Angst.

Von der Angst, II und III

Schutzlos, und gleich schon das Wagnis.

Die Vokabel ist in jedem Fall ein vermiedener Mißtritt.

(»Taumel der Zwischenzeilen! Man braucht bloß eine Schriftseite zu betrachten«, sagte er, »um zu erkennen, daß unsere Wege Brücken sind, die einen Raumpunkt mit dem andern verbinden; eine vielversprechende Absenz mit einer Absenz, die nichts mehr verspricht.«)

Der Jude, in Furcht geboren, stirbt, teilnahmslos ausgeschrieben, vor Furcht.

(»Gottesfurcht«, sagte er, »ist soviel wie Furcht vor dem Buch.«)

Notizen

Er war beim *Nichts* angelangt und sagte sich nun, daß das *Nichts* vielleicht das sei, was Fragen weder sich selbst noch andern stellt.

Er blickte nach rechts und nach links, sah aber nichts; hörte auch nichts.

Er fragte sich nicht mehr, was er da zu schaffen habe, wie und auf welchen Umwegen er hierher gelangt sei.
Er lauschte ...
»Seltsam, diese Stimme«, sagt sie. »Manchmal erkenne ich sie als die deine, dann wieder kommt sie mir derart anonym vor, daß sie uns beide unkenntlich macht.«

(Die Stimme war die bis zu ihrer leisesten Klage, zu ihrem beharrlichen Schweigen getriebene Beute.

»Die Stille ist soviel wie sechs zurückgehaltene Style. Der siebte war uns nicht erreichbar«, sagte er.

Stille, (viele) Style.

Was sich zeigt, bestätigt sich im Verbrechen, das es verunsichert, und bestimmt sich daher mit Bezug auf die nächsten Verbrechen. Der Wunsch, zum Verschwinden zu bringen – sich zum Verschwinden zu bringen – ist ein sehr alter, vom Tod inspirierter Wunschtraum der Übermacht.

Ist der letzte Hauch das letzte vom Tod – oder vom Leben – gehauchte Wort, das damit für ewig das unsere würde?
Man wird in einem Wort geboren und man stirbt in einem Wort.)

Das Wort auf einen Punkt zurückführen.

Und wenn der Kreis nichts als das endlose Glück des Punktes wäre?

»Was für dich Ende ist, wird sicherlich Beginn sein in mir. Bist du nicht vom Glück des Kreises eingenommen?«

MAURICE BLANCHOT *(Le dernier homme)*

Und wenn der Kreis bloß die unendliche Trauer des Punktes wäre?

»Denn allein die *Anfechtung lehret aufs Wort merken.*«

JESAJA (XXVIII.19)

»Wie jedermann versuchte ich, glücklich zu sein«, sagte er. »Das Glück – einst war's ein Achatei, zu Stein geworden, bevor es sich auftat, das ich in Händen hielt.«

(... Angst vor einem Schritt.
– so fahles Morgenrot –)

Neue Notizen

Bin ich bereit zu einer Antwort auf die Grundsatzfrage: Was heißt schreiben?
– Das setzt doch aber eine Vollmacht zum Antworten voraus. Wer hätte die schon?

(Der Sinn? – Im Sinn einer Richtung vielleicht; von einem punkterzeugenden Punkte zu einem andern, zu wievielen andern?

Wir hätten die Richtung der Verweigerung eingeschlagen, die motiviert ist durch den Sinn, dessen Letter der Motor ist, wenn uns der Tod nicht bereits jegliche Freiheit der Wahl genommen hätte dadurch, daß er sich uns als Befehliger des Sinns aufdrängte.

Die Richtung meines Vorgehens wider den Un-Sinn, das Unwegsame. GOTT *ist Un-Sinn, unwegsam.*
Alle Wege des Geschriebenen führen zu IHM.

Das Unwegsame, das heißt – der Abgrund. Und so wird uns klar, daß wir beim Schreiben, als wäre das Blatt die Leere, nur gerade die Worte der Zeit in der schwarzen Nacht des Unwegsamen haben blinken lassen.)

. . . eine andere Dimension, ist das nicht auch eine andere Bestimmung, welche die Vokabel dem Gegenstand des Denkens wie auch dem Denken selbst vorbehält, und die so lange unbekannt bleiben wird, bis ihnen, wenn sie sie erreicht haben, eine zweite Bestimmung zufällt und ihnen eine neue Dimension verleiht?

Von der Rückgewinnung und vom Vorbehalt des Texts

Und wenn, was immer man schreibe, stets nur nutzloser Aufwand an Schrift wäre?

Den Begriff der Rückgewinnung finde ich, wenn ich auf meine Bücher zurückgreife, in der ersten Trilogie des »Buchs der Fragen« *(Le Livre des Questions)*. Und wie könnte man den Begriff des Vorbehalts, der Nicht-Zustimmung des Texts und zum Text übersehen in »El, oder Das letzte Buch« *(El, ou le dernier livre)* oder gar in jenem (.), den sich das Buch zum Titel genommen hat und der Titel und Buch gleichermaßen aufhebt?
Die Letter ermöglicht das Wort, wie sie auch die Spur der zerstörten Vokabel lesbar macht.
»Du trinkst die Worte des Herrn aus einem geschickt restaurierten Steingutkrug«, sagte ein Rabbiner, dem ich niemals einen Namen gab; »doch sieh dich vor, daß dein Trunk nicht kochendheiß dargereicht werde, der Krug könnte dabei auseinanderbrechen und du würdest die Urwunde jedweden Alphabets wiederfinden.«
Das Wort brechen, die Worte in den Brechungen des Worts spielen lassen heißt – auf direktestem Weg zum Nächsten gelangen; heißt aber auch – von einem Taumel in den andern geraten, von einem Nichts zum andern in unauslotbarem Einklang mit dem wundersamen Abriß.
In ihrer letztendlichen Phase ist Schrift vielleicht nichts anderes als Rücknahme der Schrift zugunsten ihrer tätigen Negation.

(»Ich habe mich kaum je um das Wie des Sagens bemüht; stets aber um das Wie des Verschweigens«, hatte er notiert.)

•

(»Was du als Wortspiele aufzufassen geneigt bist, sind nicht bloß die Worte des Spiels. Sie sind das Bild ihres Vergehns. Nicht alle Worte haben den gleichen Tod.
Ich habe festgestellt, daß die meisten Worte unzählige andere Worte in sich bergen, mit welchen sie verbunden bleiben durch Laster und Tugenden, die zu unterscheiden mir interessant zu sein schiene.
Anderseits leben die Vokabeln, genau wie wir, in einem geschlossenen Universum; und durchmessen es in allen Richtungen auf Wegen, die sie als die am besten geeigneten kennen. Diese diversen Wege zu erkunden ist auch deshalb so aufregend, weil es jene sind, die der Tod vorgezeichnet hat«, hatte er jüngst in einem Brief geschrieben.

Die Bedingung des Spiels
(Michel Leiris)

»Mir ist es stets lästiger als irgend jemandem sonst gewesen, mich anders als durch das Pronomen *Ich* auszudrücken; nicht daß man darin ein besonderes Anzeichen für meinen Hochmut erkennen müßte, sondern weil dieses Wort *Ich,* für mich, die Struktur der Welt enthält.«

Michel Leiris *(Aurora)*

»*Die magische Welt der Sprachabenteuer mit der nackten und schreienden Welt des aus dem Nest gefallenen Vogels in Übereinstimmung zu bringen,* dies war mein erklärter Gesichtspunkt zu einer schon weit zurückliegenden Zeit, da ich auf ein und demselben Zettel zunächst meinen Glauben an die *Notwendigkeit, das zwischen den Wörtern stattfindende frivole Spiel mit einer Sache von lebhaftestem Ernst in Übereinstimmung zu bringen,* und danach meinen Willen festhielt, *aus dieser Haltung gegenüber den Wörtern ein Mittel zu intensiverem Leben und eine Lebensregel zu gewinnen,* eine Überlegung, in der sich ausdrücklich ein Realismus kundtut, die aber auch, nicht weniger ausdrücklich, die Moral der Poesie unterstellt, da ich eben in einer bestimmten *Haltung gegenüber den Wörtern* den Hinweis auf eine Leitlinie und gleichzeitig eine Quelle zur Bereicherung des Lebens zu finden meine. *Moral = Spielregel, will sagen – etwas, ohne das es keinerlei Spiel gäbe . . .«*

MICHEL LEIRIS *(Fibrilles)*

»Zwischen ihm und uns findet ein Transfer statt, der diese seine inständige Stimme zur unsern machen könnte, und diesen unerbittlichen Blick zu dem, den wir, mit einigem Aufwand an Mut, uns selber zuwerfen müßten, wohingegen die Willfährigkeit des Autors, im Leben die Opfer zu spielen, sich verkehrt in die unbedingte Ablehnung jeglicher Opferschaft.«

MAURICE NADEAU *(Michel Leiris und die Quadratur des Kreises)*

»Vom Stierkampf, der uns das Beispiel einer tragischen Kunst darbot, in der alles von einem Ausweichen und von der materiellen Möglichkeit einer Verwundung abhängt, sind wir zur Erotik gelangt, wo alles im Innern einer vergleichbaren Wunde geschieht, dann jedenfalls, wenn man davon ausgeht, daß die höchst bedeutsame Rolle einer bestimmten, höchst schmerzlichen Erfülltheit nirgends so augenfällig wird wie im Liebesakt.«

MICHEL LEIRIS *(Miroir de la tauromachie)*

I

Im Bund mit der Wunde.
Im Bund mit der Ungebundenheit des SPIELS, dessen Rückhalt das *Ich* ist.

Ein Körper.
Überall ein gleicher Körper
zum Stäupen,
Verstümmeln,
Vernichten.
Überall die anarchischen Zustände
– . . . des Lieds?
. . . des Leibs?
. . . der Nerven?
. . . der Tinte? –
eines einzigen Körpers.

(Der Corpus des Schrifttyps
im Buch
und der des Menschen
im All.
Die Schranken abgetragen.)

Körper – kindlich,
erwachsen.
Das Mannesalter erreichen;
den Körper hinter sich lassen.

(Eine Frau als Seele;
eine tote Frau
als tote Seele.
O verhetzte Einsamkeit.)

Der Körper der Wunde
im Bund mit der Ungebundenheit
des tödlich getroffenen Körpers.
Und das Blut?
Was ist ein Blut, das nicht fließt?
– Vielleicht eine überzählige Farbe.
Von dieser Farbe spricht der Tag.
Diese Farbe macht der Nacht zu schaffen.

(Eine Frau-Text.
Ein Text-Seele.
Das All wird Schrift im Leib.)

... jene schmerzliche Abwesenheit des *Ich,* dessen Anwesenheit das Gesicht wieder herstellt,
das Leben,
das Alter,
das es vernichtigt.

Solcher Tätigkeit
entschlägt sich das Buch.

•

Mit dem aufgefundenen Schlüssel könnte er alle Türen öffnen, ausgenommen – versteht sich – die seine.
Solcherart ist der Schlüssel.
– Er ist der Schlüssel.

Die Eigenart des Schlüssels ist es, das Wort und das Vergessen zugleich zu sein.
Ein vergessenes Wort rumort in der Tiefe. Das Vergessen kennt keine Grenzen.
Er erinnert sich an alles. Er schreibt alles auf, woran er sich erinnert; doch ein Wort – oder mehrere – zu vergessen vergrößert den Graben.
Vom vollendeten Buch bleibt letztlich bloß ein klaffendes Loch;
jenes gleiche dunkle Loch, welches die Lider des Schlafenden verdecken.
Das verschwiegene Wort mordet.

(Die Hand, dem Abgrund fern, sucht noch zu schreiben; doch was? Mit welchem Stift oder mit was für einer andern passenden Spitze? Auf welchem Material; in welchem aus der Leere geschnittenen Luftrechteck?)

Was? – Das künftige Wort, herausgeforderte Zukunft: Frage, im Tod von der Vergangenheit an die legitimierte Zukunft gerichtet.

Die Genauigkeit
ist ein Verwischen.
Er ist so genau.
Er verschwindet.

Nichts verheimlichen
heißt ein wenig mehr verbergen
– und mehr als ein wenig. –

Das Schweigen ist weder am Beginn noch am Ende; es ist *dazwischen*.
Unterm Joch
zieht das Wort aus dem Wort fort.
Es ist bemüht, nicht zu sein.

Wo es keine Worte gibt, sucht er, Irrer, ein Wort. Das unaufhörliche Bekennen wird zum Taumel, führt zum Loch,
kehrt,
wenn alles verlöscht,
zur Wunde zurück, welche das gerächte Horn hinterließ.

Von der Wunde zur Wunde.

II

Arena ohne Hof.
Mit zwei Federn schreiben,
mit zwei gemeisterten Hörnern.
Zwei Bücher – ein gleiches? –
Sichtbar das eine; das andre unsichtbar.
Buch der Extreme; Buch der Mitte.

Die Partie ist eröffnet.
Spiel gegnerischer Kräfte.

Spiel heruntergerissener
Hüllen.
Grausame Blöße.

Das Holz ist das Erfordernis des Holzes.
Die Stimme driftet ab.

Keinerlei Hilfe für das, was ins Feuer liefe

Dem Tod einen Namen zu geben ist unmöglich.

III

Das Gesetz ist der Leuchter.
Diese Spiegelgalerie ist der Ort des Spiels;
– der Schliche des Ich. –
Der *Palast* war aus Stroh,
und es mottete der Brand.

Im Alltäglichen vergehen die Bücher;
in den Träumen entstehen sie.
An der Kehre liegt die Überraschung,
das Wagnis.

(Wütend reckt sich der Stier der Horizonte, um
den Raum mit einem Kopfstoß aufzuspießen.
Der Tag ist hinterm Hindernis, unterm sternbe-
säten
Kleid.
Totale Freiheit gibt es nur im Nichts.)

Eine Wunde reicht aus, um die lebendigen Wunden des Himmels zu nähren.
Der Stier der Finsternis sieht nur noch diese.
Und so wirft sich die Nacht, um sie zu vertilgen, als Zauberwort auf das verratene Gestirn,
auf das Herz.
Der Tag stirbt mit dem erstgewagten Wort.

– Was also heißt schon reden in diesen vorgespiegelten Alleen; angesichts dieser verspielten Seen? Was heißt denn wahrhaft reden in diesen schmutzigen Hintergründen; in dieser Hölle des Worts und der Grüfte:

Die Stille ist gestocktes Blut der Wunde.

•

Er redet, und seine Rede folgt seinem Schritt;
setzt sich aus, klagt sich an, stellt klar,
entwickelt das Unentwickelbare,
macht sich zur Zielscheibe,
trifft stets ins Schwarze.
Wer ist Michel Leiris?
Man schießt auf gut Glück.
Dort unten, dort unten, dort, unten soll sich uns der Abgrund bald von neuem öffnen.

Die Regel ist streng; eigentlich recht simpel.
Die Linie verfolgen.
Sich dem Innen aussetzen.
Mit einem Satz in den Schrei springen.
Punkte markieren; Fluchtpunkte, Punkte des Glücks,

der Gewalt,
der Verzweiflung.
Genau zu dieser Stunde ist man ungebunden;
doch ganz Blick,
ganz Geduld,
ganz Versprechen.
Man erzählt
und erzählt
eine Erzgeschichte.

(Diese winzigen Details.
Eifriges, kleinliches Erinnern.
Das Gewicht des Buchs.)

Der Beweis wird nie von der Vokabel erbracht,
sondern durch die Verläßlichkeit des Blatts,
durch die Weite –

– den Raum, wissen Sie, durch den bei Tag und Nacht
gedachten Raum.
Da ist sein Bildnis,
und während er schreibt,
nimmt er andre Gestalt an.

(Übergewicht des Alls.
Belastende Last.)

Das Gestade. Der Freitod.
Es gibt keinen Tag ohne Ende.

IV

Lichte Nächte

Die Inthronisierung des Enthaupteten.
Statue von kaltem Fieber.
Mit der Bedingung, niemals
das Alleinsein aufzuteilen.
Die Gewohnheit mit der Fülle
in Übereinstimmung zu bringen.
Steine des Verbunds!
Den letzten, wer aber wird den letzten setzen?
Rings ist die unbeschwichtigte Absenz,
die Entsprechung der Formen;
die das Begehren nachbildende Hand.

Oder wäre die Statue bloß ein erstarrter Schauer von
jenseits der Unterwerfung?

Stirn gegen Stirn.
Die armselige Identitätsmarke unter dem Absatz.
Der verödete Strand.

Wohin, sagt, bis wohin reicht in den ungleichen Stunden
das Wüten des Ozeans?

Kontinente,
verfallen und
zu Staub geworden.

Myriaden verendeter Muscheltiere, die Wörter.

Das Ohr des Sandes haben, den Ruhm des Kiesels teilen.
Täuschend eben ist nach dem Kreisschluß die Nacht.

Aurora! Aurora!
Unzertrennliche Frühen
des Pakts
und des Tods.

»Aurora! Aurora! als Gestalt reiner noch denn ein Irrlicht oder ein Sondenwurf in einer Wüste, es sind deine wundersamen Flammenzungen, die den Schritt des Sonnenstromers so beschleunigen; deine versilberte Robe ist's, dein strahlendes Haar, ja dein Mund, der rosige Krater, dem nebst manchen Weisheitsschlacken deine flüchtigen und unsinnigen Worte entfliegen, deine kühle harte Hand ist es, deren Nägel seltsam glimmende Tiere vorstellen, die jenes Haupt anziehn, dem nichts geblieben ist als eine Tolle blonden Haars!«

MICHEL LEIRIS *(Aurora)*

V

»Es gibt den Stahl des Schmerzes
Es gibt das Rot der Gefahr«

MICHEL LEIRIS *(Haut Mal)*

(Eine Zeit.
Es genügt diese Zeit
des Handstreichs,
diese hilfreiche

Außer-Zeit.
Klarheit des Leibs.)

Wunder der Liebe,
o Frau hingestreckt
um fortzuzeugen.
Genießen. Vergehn.
Aus der Nacht heraustreten
oder aus einer andern;
aus dem Schweigen
oder aus dem Fest.

Der Körper gebietet.
Der Tod wird ungeduldig;
denn jeder Tod ist Liebe.
Zeichne das entfaltete Blatt der Nacht
mit der gnädigen Nacht des Zeichens.
Einst gab es, Heiliges Leid,
eine Sonne für die Poesie:
jene Sonne . . .

VI

(Strichelchen
Sächelchen
Fäserchen

Ein feiner Schein
im Osten,
wie ein neuer Strich.
Die Sehne eines Bogens.)

VII

(Die andere Flanke – das Neutrum.)

Das Bedingungslose
(Maurice Blanchot)

Das Neutrum ist gewissermaßen Nerv des Knotens.

Der Knoten widersteht dem dumpfen Druck des Seils. Er ist reiner Widerstand; aktive Teilnahmslosigkeit.

Das Bedingungslose ist nicht bloß eine andere Form des Neutrums; eher schon das Neutrum in seiner jenseitigen Form; die Parteinahme des *Sehr-Hohen,* die Falle.

Das Neutrum entwirren; die Grenzen der Einsamkeit zurückverlegen ins Grenzenlose.

Ein bedingungsloses Bei-Buch.

»Mit welcher Melancholie, mit welch ruhiger Gewißheit fühlte er nun, daß er niemals wieder würde sagen können: ›Ich‹.«
MAURICE BLANCHOT *(L'attente L'oubli)*

Bedingungslose Anwesenheit, Abwesenheit. Überall, immer die nämliche Leere.

»Das Nicht-Anwesende, Nicht-Abwesende, es lockt uns so wie das, was wir nur mehr in Situationen antreffen könnten, in denen wir uns nicht mehr befinden: außer – außer im Grenzbereich; Situationen, die man, falls es solche überhaupt gibt, als ›extrem‹ bezeichnen würde.«

MAURICE BLANCHOT *(Le pas au-delà)*

»Die Menschen suchen sich in ihrer Unbedingtheit als Fremde.«

EMMANUEL LEVINAS *(Humanisme de l'autre homme,* IV; »L'étrangeté de l'être«)

Ozean jenseits jeglichen Ozeans, unbestimmt.
Mich trägt der Rhythmus – der Ritus –.
Das Schreiben verstimmt.

Keinerlei Zeit konjugiert uns.
Kein Scheitel wird weiß in der Weiße.

»Einstehen für das, was außerhalb der Verantwortung liegt.«

MAURICE BLANCHOT *(Le pas au-delà)*

Bitterer Doppelsinn der Unbedingtheit. Zum Bedingungsstreit trägt die Nacht als Opfergabe einen winzigen Stern bei, das Meer eine Handvoll Salz.

»Schreiben als Frage nach dem Schreiben, eine Frage, die die Schrift mit sich bringt, die die Frage mit sich bringt, gestattet dir keinen Bezug mehr zum Sein – verstanden zunächst als Überlieferung und Ordnung, Gewißheit und Wahrheit, jede Form von Verwurzelung – der dir einst aus der Vergangenheit der Welt zuteil geworden ist, ein Bereich, den zu verwalten du berufen warst, um solcherart dein ›Ich‹ zu stärken, welches freilich seit dem Tag, an dem der Himmel sich auftat über seiner Leere, wie gespalten war.«

MAURICE BLANCHOT *(Le pas au-delà)*

Du wirst das Bedingungslose fassen dort, wo das Leben Verbum *leben,* der Tod Verbum *sterben* ist; wo jegliche Bewegung, jedweder Akt und jedes Schweigen, die Beweglichkeit und die Unbeweglichkeit, der Atem und die Atemlosigkeit nur mehr sinnlose, maßlose, endlose Annäherung eines Verbums an den Infinitiv sein wird; wie eines jeden nicht vereinnehmbaren Worts – des Namens, des Knotens, der ungenießbaren Mandel.

O wie die angesagte Schwelle hin zur untersagten Schwelle gleitet.

»Zwischen den Wörtern scheint noch ein wenig Helle auf.«
Maurice Blanchot *(L'attente L'oubli)*

Vergeblich wird unser Versuch sein, die Unbegrenztheit des Verbums und der Zeit einzufrieden im gewagten Buch unserer Grenzen, im Zwielicht der Brechung.

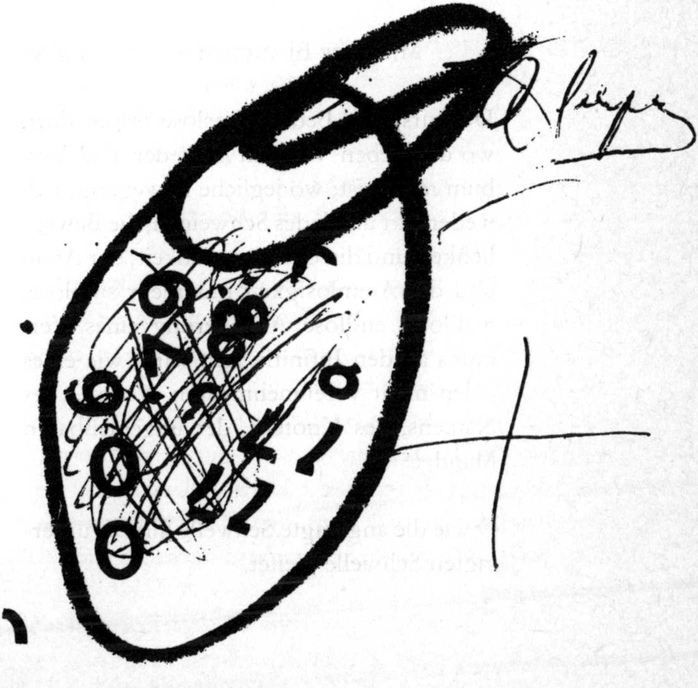

I

(Wunsch, Woge, Segel.
Absolute Negativität.

Gebieterische Dauer.)

Uns bindet das Buch, oder eher noch, das, was Buch werden will und es doch *nie werden kann.*
»Eine Erzählung? Nein, keine Erzählung, niemals wieder.« Das Erzählen besteht darin, die Erzählung zuzulassen, sie kommen zu lassen.
Keine Erzählung findet statt. Für die Erzählung gibt es, hier, keine Stätte.
Ihre Erzählungen weichen ab von den Geleisen des Erzählens, um nur mehr Entdeckung der endenden Rede und ihrer letzten noch hörbaren, schon eingeschriebenen Momente zu sein.
Gradlinig, zerbrechlich, verfänglich ist die Schrift; von entwaffnender Lauterkeit. Nicht die geringste Übermarchung, nirgends. Was für eine Lektion! Und was für ein einnehmender Spiegel! Ermutigend in gewisser Hinsicht, wenn auch nur dem Anschein nach. So auch die Transparenz.
Wie soll ich sagen, was uns verbindet? – Vielleicht indem ich aufs Exil verweise, das die Mitte ist, Schandfleck.

Die Schrift wird stets verdrängt.
Jenseits des Lebens, jenseits der Nacht hält sich das Buch.

(Wird solche Befragung des Tods durch Vermittlung des Buchs, durch die als solche von der Schrift gerettete und dargebotene Minute eines Tags zur Ruhe kommen? Die Schrift hält die Illusion bevorstehender Rettung aufrecht; doch das Feuer hilft nicht gegen das Feuer; der Frost nicht gegen den Frost; ganz im Gegenteil, sie verleihen ihnen Dauer.)

Uns verbindet noch das Schweigen; die Unverschämtheit des trockenen Brunnens; die langen Selbstgespräche des Sands mit dem Sand.
Uns verbinden das Weiß der Weiße des Zeichens und das Schwarz des in der Hoch-Zeit seiner Weiße leserlich gewordenen Zeichens.
Uns verbindet die Zertrennung des Denkens an den Rändern des Ungedachten; die Unmöglichkeit zu sagen und gesagt zu werden.
Uns verbinden Jahrhunderte der Ruhelosigkeit und jener schwache Glanz, dem all unsre männlichen Energien zustreben: *die Dissidenz.*

(»Ist nicht das Tintenfaß der Brunnen?
Laß, Freund, deine Feder nicht länger als für einen Augenblick drin eingetaucht; du könntest mit ihr untergehn; denn dein Körper ist in deiner Feder;
doch mit was für einem weit schrecklicheren Tod

bedroht uns der versiegte Brunnen!« schrieb mir ein Weiser, der im Buch der Fragen *vorgekommen war.)*

Uns verbinden die Aussprüche des Weisen in meinen Werken und das, was sie, nach Verlassen des Buchs, ungesagt gelassen haben.

(... ist Dissidenz nicht auch Distanznahme des Sagens von dem, was allenthalben gesagt wird; der Raum, der mit der Letter wie auch mit der Stimme notwendigerweise bricht und dessen Diskurs uns durch seine stumme, von der Stille der Ränder und der verheißenen Strände hörbar gemachte Eloquenz stets von neuem beeindruckt; Distanznahme des Sands vom Meer, des Himmels von der Erde, zugehörig ihrer ureigenen Natur, und der wir zu verdanken haben, daß wir atmen, uns bewegen, uns ausdrücken können jenseits der Erwartung, jenseits des Vergessens?
»Weder vernehme ich ihre Worte, noch sehe ich ihre Lippen sich bewegen. Und doch weiß ich, daß sie sprechen. Alles, was sie einander zu gestehen haben, spricht sich durch ihre verliebten Augen aus«, sagte Sarah.

Die Rede der Liebenden ist aus unbestimmbarer Stille gefügte Rede.
Uns verbindet das höhere Schweigen der Liebenden, der Märtyrer, der Toten.)

Lände und Erzählung: zwei Hindernisse bestimmen ihre Umrisse. Zwei grobe Eingrenzungen. Der Beginn und das Ende. Also können wir unsre Boote dort in Sicherheit bringen; ist aber das Hindernis von Seide, aus Luft oder Rauch, welcher Schiffer, welcher Leser, der hier Zuflucht suchte, würde sich, mit Hab und Gut, noch sicher fühlen?

Die Reise hat weder Ende noch Vorspiel. Der Schriftsteller hat keinerlei Ähnlichkeit mit dem Seemann.

Ein Heimathafen – unannehmbar.

Alle Bücher sind Antwort auf das Fragen eines einzigen.

Die Erzählung wird auf mehreren Ebenen, auf verschiedenen Toleranzstufen ausgearbeitet; daher die Lücke zwischen dem, was – niemals zur Gänze – gesagt, und dem, was – niemals zur Gänze – wahrgenommen worden ist; so daß also der Text in dem, was erwartet, vergessen, wiedergefunden und nochmals vergessen wurde, Schriftgestalt annimmt.

Wer wird zur unmittelbaren Zukunft solcher Schrift etwas sagen und zu deren Lektüre eine Akte anlegen wollen?

(Ich sah zu, wie im Wasser anmutige farblose Fische – die einen unter den andern – zwischen den Felsen schwammen. Plötzlich sammelten sie sich und hielten sich auf gleicher Höhe. Ich dachte mir, daß es auch beim Satz so sei in jenen brüderlichen

Augenblicken des Schreibens, wo die Vokabel sich mit der Vokabel in einem gemeinsamen aleatorischen Geschick zusammenfindet, während der Tod das Meer einschließt.)

II

Ein unwiederbringliches Werk. Wäre ihm also jene sehnlich erwartete Wiederkehr, die für uns »Rückkehr zum Buch« war, unbekannt?
– Rückkehr zum *Gelesenen* der Lippen. So wäre alles, kaum ist es ausgesprochen, auch schon gelesen.
Es gibt immer ein auf die Ankunft des Buchs gerüstetes Buch. – Das Buch folgt.
Ein irrelatives, in seiner verschwenderischen Selbsterneuerung unnachahmliches Werk.
Ein nicht wieder zu erzeugendes und doch, durch Besprengung, zur Reife gebrachtes Werk;
doch nicht um die Zeit geht es hier.
O Tod mit tausend Tatzen, mit tausend morgigen Tagen.

Es soll noch eine Sonne geben, wo alles bloß Verzicht auf Helle ist.

Ein Werk, nicht rückführbar auf Wolken, auf Wahn, auf Briefe, auf Bräuche, auf Bewährung, auf Verheerung ...

Wie nur sagen, was uns bindet?
Der Tod macht uns leichter.

Die Entfernung vernebelt
das All.
Das Nichts gleicht uns dem Nichts an.

Die Ferne der Zeiten
und die Jetztzeit
weilen in diesem
Teich.

Das Hindernis meistert nicht etwa das Wasser, bloß den Durchlaß.

(Werden wir durch Wiederholung gesunden? Die Wiederholung des Buchs hebt es auf.
Werden wir denn ohne Buch, geschieden von jeder Vokabel, endlich in den unerforschten Randzonen der Wüste sterben, wo es weder Zeichen noch Laut mehr gibt; an den geborstenen Rändern des Begehrens?)

III

Eine feine
Zeile.
Jenseits,
diesseits,
der Abgrund.

Fels abtragen: Keile treiben, parallel.
Alles gleich.
Alle gleich.

Elodes, *helodes,* auf einem neuen Kontinent so rasch sich fortpflanzend, Wasserpflanze.
Der Tod hat den Teich stillgelegt.
Das Wasser dem Wasser vermacht.

(Dem Wort die Letter h *zurückerstatten, eine Hacke dem Befreier.*
Die beste Rechtschreibung wählen.)

Urzellen. Zwischen den beiden Enden des Stengels die radikale Erfahrung des NICHTS.

Das Weiße dort.
Die Seite
nach all der Weiße.

(». . . *doch die reale Erfahrung bliebe auf den folgenden absurden Satz beschränkt*; ich mußte dort sein, weil ich dort nicht sein durfte.«)
PIERRE KLOSSOWSKI *(Le bain de Diane)*

Von der durch die Mine beanspruchten Wunde zur anonymen Schrift am Grund des Wassers.

•

»Das Wissen um die Bedingtheiten (Theologie): das nur Gott verfügbare Wissen über das, was unter bestimmten Bedingungen und unter bestimmten Umständen hätte geschehen können.«
LE LITTRÉ

Kein Wissen um die Unbedingtheiten,
sondern
PRÜFUNG
der Sehkraft
– zwischen sehen und sagen –

des Vergessens
– zwischen sagen und machen –

des Schweigens
– zwischen Nacht und Blut –

•

Eine große Freiheit zuerst: die Freiheit der Nichtunterwerfung unter das Wirkliche zugunsten einer *nichtbedingten* Wirklichkeit.
Freiheit des absolut Perversen.

Rätsel, einem Punkt gleich.
Immer das Ende des Buchs.

Ein bedingungsloses Feuer,
ein Fehler,
ein Faktum – daß man existiert? –

Verblichenes Leben, dem er – aus dem Nirgendwo – sein verstrichenes Leben entgegenhält:

(Leben in der Schwebe
sich windend
in der Leere.)

Jegliche Anwesenheit ist bedingt; bedingungslos – die unendliche Abwesenheit.

Ist das Rauschen des Meers Beweis für die Existenz des Rauschens oder des Meers?
Und das Schweigen des Himmels?

Abhängigkeit des *Sagens*
vom Schrei.

(Elodes, verschwenderisches Wort. Schwierige Überfahrt vom Seienden zum Seienden.
Keinerlei Flora in unsern Gewässern, unbekannt die Frucht, die Grenzenlosigkeit weiß, der Hunger.)

Das Meer uneingestimmt. Die Einstimmung wird jentags besiegelt.

Das Unendliche vermag sich bloß in Begriffen von Unendlichem begreiflich zu machen.

Der Tod lebt von Leere. Sterben heißt, gewissermaßen, Leere leben.

Herausstreten aus der Vokabel, um von ihr ins Nichts geschrieben zu werden.
Schreiben bestünde also darin, im verworfenen Wort die Ausgänge freizuhalten.

Die Ränge endlich
verlassen? IRREND.

Die aufgenommene Spur war unsre Gnade.

•

DAS BEDINGUNGSLOSE WIRD SAGBAR IN DEM, WAS NICHT GESAGT WERDEN KANN, DA ES DENKBAR WIRD DURCH DAS, WAS SICH NICHT DENKEN LÄSST.

Bedingungslos bebend.
FREMDER.

(Wodurch hätte er bedingt sein können? Durch die Anwesenheit? – wenn aber die Anwesenheit ihrerseits Abwesenheit ist? Durch das Buch? – wenn aber das Buch letztlich bloß die Wortwerdung seiner Hoffnung ist? Durch die Zeit, die Atmung, den Gang, die Befragung? – wenn aber die Ewigkeit, das All, das Umherirren, die Bejahung deren aufstörerische Verneigung sind?
Mit der Sonne sollte man sich anlegen, mit dem Sonnengesetz, mit dem Auge, mit der Übergröße des Tags und der Nacht, mit dem anarchisch verstreuten, so lachhaft gewordenen Wissen . . .)

Solches Wissen ist das unsre nicht.
Das unsre ist ein Nicht-Wissen.
Ein vom Wissen unabhängiges Wissen,
an dem das Wissen sich bricht.

Stolze Gleichgültigkeit des kalten Gedankens.
Trägheit im höchsten Stadium des WISSENS.

Wie das Sandkorn mit dem Sand vermengt; nur durch ihn existieren.
Hier bedeutet blind sein alles sehen.

Beschaffer von Drogen
– für Gaffer –
geht eures Wegs.

Hier bedeutet blind sein nüchtern sein.

Das Wissen ist äußerste Armut der Macht.
O träge Flächigkeit, o totes Meer.

Ein anderer, ein gleicher Tag, den die Schrift des Augenblicks verletzt.
Und wenn es morgen zu heftiger Ablehnung seiner Metamorphose käme?

Vereinbarkeit.
Unvereinbarkeit
von Akten, einer Funktion.
Bisweilen ein Wort, ein Adler.
Die Nacht bewahrt ihren festlichen Schmuck.
Der Tag ist Ort des NICHTS.
Gesicht gegen Gesicht.
Blatt auf Blatt.

•

Sie richteten ihre Fernlichter auf die Erotik des Worts, und diese wurde überblendet von der Erotik des Schweigens.

(»Die erotisch stärkste Minute ist die kreidige Minute des Schweigens«, hatte Yukel notiert.

»Die Wollust – das sind doch die Spermaschäume der Wogen von Schweiß«, sagte einst Yaël. »Unvergeßliche Nächte. Du schreibst mit deinem Sperma auf den schönen feuchten Seiten meines schimmernden Leibs.« Und gleich darauf, wie in einem Traum: »Die Wollust ist der Kalk, der den Stein zusammenhält.«)

Die Liebesangst ist Angst vor der Helle.

»Die ganze Liebe liegt im Schweigen nach dem Leben. Und von jenem Schweigen her liebe ich«, hatte Sarah geschrieben.

Die Hand weiß, daß sie eines Tags das Pergament des Jüngsten Gerichts schwenken wird.
Hackt alle Hände ab, falls ihr euch dem Gericht entziehen wollt.

Jenes Gesetz war das des Buchs; doch welche Mißbräuche bei seiner Anwendung.
Spucke!

IV

»*Von toter Hand:* bedingter Mensch. Begriff aus der Jurisprudenz überliefert. Wird angewandt auf Juden, die ihr Besitztum nur in direkter Linie vererben können

und deren Güter den Herren zufielen, falls jene kinderlos starben.
In Frankreich waren die Juden Leibeigene von toter Hand.
In der Franche-Comté wird ein freier Mann, der in einem Haus von toter Hand ein Jahr und einen Tag verbracht hat, zum Sklaven.«

LE LITTRÉ

Buch – nicht vererbbare Wohnstatt? Was ist aus den dicken Mauern unsrer Wohnstätten geworden?
Weder Dach noch Mauern mehr,
seither.

Leibeigener, Jude des Buchs. Der in mein Haus getreten ist, wie konnte er wissen, daß er bei mir zu Gast war, bewohne ich doch ein Wort, das niemands Besitz ist? Und doch wurde er durch meine Schuld zum Sklaven.

Was ich zu hinterlassen hätte, selbst meine Kinder hätten keinen Nutzen davon. Ich gebe alles hin, und dies *Alles* ist bloß Asche unzählbarer Nichtigkeiten.

Man schneidet die Steine zu, wie man den Tod auf sich zuschneidet.

Was überdauert, ist das, was sich, für sich, einen würdigeren, einen geräumigeren Tod erhofft.

Der Tod hält uns die ganze Zeit in seinem Joch, und durch diese seine Anmaßung fordert er die Zukunft heraus.

Buch, hatten wir diese Wohnstatt gewählt?

Du sagtest: »Der Schriftsteller und seine Leser sind im Buch und *beide sterben.*«

Leibeigen: teilbar nach Maßgabe des Buchs.

»Das Todesurteil« *(L'Arrêt de mort)* ist ausgesprochen mit dem ersten Wort – unerbittlicher Richter.

Der Spiegel führt das Wissen in die Irre.

•

Er soll das Ereignis sein. Doch existiert denn das Ereignis überhaupt?
Es gibt das Weiße *von vor* dem Ereignis und das Weiße *von nach* dem Ereignis; wer aber vermöchte das eine vom andern zu unterscheiden?
So wäre das Ereignis denn vielleicht nichts anderes als die unerwartete Brechung des Weißen im unbestimmten Raum des Buchs.

Faszination des Ärgsten: das Unsichtbare.

(Wo bist du, wenn du das Wort mißbrauchst?
An welchem bevorzugten Ort der Erde und des Geists?
... und wenn du nicht sprichst?
... und wenn man mit dir spricht?)

Dies Geräusch, das niemand hört. Ich höre es. Diese rote Flüssigkeit, die unter der Haut strömt und die niemand sieht. Ich sehe sie. Ich trinke sie.
Gehör, Gesicht. O unlöschbarer Durst.
Bald werde ich sterben daran, daß ich all mein Blut vertrunken habe; ich werde zugrunde gehen daran, daß ich mich gesehen und gehört habe;
denn all mein Blut ist von Tinte; denn die Tinte ist mein Blut.
Wo beginnt mein Körper? An welchem versteckten, düstern Ort hat das geschriebene, das lesbare Abenteuer meines Körpers seinen Anfang genommen?
Als ich so hingestreckt dalag, kam mir für einen Augenblick der Gedanke, daß ich nie mehr aufhören würde zu wachsen.
Nun hat die Zeit auch den Halt des letzten Tags verloren.

»Ein Buch kann es dort nicht geben«, sagte Yukel; »denn existierte das Buch, so hätte es aufgehört, uns heimzusuchen. Was existiert, ist die Besessenheit durch das Buch. Jedes geschriebene Buch ist ein vollendeter Versuch im Hinblick auf die Befreiung von der Besessenheit durch das Buch.«

Ist Gott lediglich ein abgelöstes Zeichen, reine Vokabel?
Könnte man den Text auf *ein* Wort beschränken! Die Seite dieser einzigen, durchsichtigen Vokabel überlassen.

•

Begrenzt(er). Er »entgrenzt« jede Grenze.

»Schreibend ›entgrenzt‹ du das Nichts. So daß der Angst keine Grenzen mehr gesetzt sind«, hatte Yukel in seinen Heften vermerkt.

Und wenn Gott meine Angst wäre? So daß Er auch die Endlosigkeit des Bösen sein könnte?

Angst. Alle Vokabeln zagen in dieser ängstlichen Vokabel.

Da wir *das Ungedachte* nicht ertragen können, flüchten wir uns ins Denken, als wäre dieses jenem fremd.

Die Gefahr hier ist noch immer die Leere, das Ungedachte.
Latentes Wagnis. – Werde ich die unbewußte, die erhebende Erwartung des Wagnisses niederschreiben? –

Das Wort wirkt in tiefster Finsternis.

. . . der endlosen Erwartung unendliche Aufmerksamkeit gezollt.

(Weiter, noch weiter. Die Weite ist Wiege der Erwartung.)

Gewundene Unendlichkeit einer Luftmuschel.
Die Luft ist Eroberung von Unendlichkeit.
Überall das interessierte Meer; das Meer ohne Salz, ohne Wasser; das Meer mit den verfaulten Algen, den Gedankenkadavern.

Vermöchte doch mein Denken für immer wie Luft zu sein.

Himmlischer Dung, dessen Same das Gestirn wäre, o Wissen lichter Konstellationen.

V

> »Wissen reicht bereits zur Irreführung aus. Als wäre uns Erkenntnis nur erlaubt, um das zu erkennen, was zu erkennen wir nicht ertragen können.«
>
> MAURICE BLANCHOT

– Unterwegs einzuhalten würde bedeuten, diesem Weg zuungunsten eines andern den Vorzug zu geben. Ich bewege mich vorwärts, unentschieden. Die Zukunft, ich weiß es nun, hinterläßt keine Spuren.

– Gleichwohl wirst du unterwegs sterben.

– Was ist der Tod, wo es keinen Weg mehr gibt?

– Vielleicht die Erwartung, vielleicht auch das Vergessen des Wegs; Nacht des unsäglichen absurden Irrens.

> *(Indem* GOTT *den* NAMEN *löschte, vervielfachte er den Weg.*
> *So wurde das auserwählte Volk ein Volk von Nomaden.*

Millionen unbekannter Namen haben den NA-MEN *verschüttet.)*

VI

– So weiß war der Schrei, daß wir mit Recht annehmen konnten, Schmerz sei nichts anderes als die Erfahrung von Phasen der Weiße.

– Die Verbrennungsöfen waren nicht ihr einziges Verbrechen; aber, am hellichten Tag, gewiß das verwerflichste in der abgründigen Abwesenheit des NAMENS.

– Nicht die Stunde, nicht das Jahrhundert, sondern die Unsterblichkeit geopfert.

– Wie sie gehaßt worden sind, wirst du lieben im umstrittenen Herzen der Weiße.

(Noch die demütigste Frage zeugt von maßlosem Stolz.
Wir werden die Frage hinter uns lassen.
Ohne Geste, ohne Stimme werden wir uns, folgsam, in das unentwirrbare Labyrinth strahlender Todesweiße begeben.)

VII

Möge alles weiß sein, damit alles Geburt werde.

(Weiß das Leise.
Weiß die Blüte.
Weiß der Abschied.
Weiß die Streichungen.)

Solche Verschiedenheiten im Weißen! Weiße Flüssigkeit, weißes Pulver.
Wieviele Abstufungen im Weißen! Vom eisigen Weiß der Firsten bis zum warmen Weiß des Blatts, das man für seinen Namen aufbewahrte.

1 ———————————————— **2**

V'herbarium

Tagein, tagaus bestand für mich das Schreiben darin, Unkraut und Fremdwurzeln wild aus dem Boden zu reißen; und dann in der Weigerung, meine Ländereien durch Feuer zu roden, um sie fruchtbar zu machen.

Kein Überleben in jenem Tod; jedoch ein mitleidloser Über-Tod.

Die Gärten in Frage stellen heißt, das in Frage stellen, was dem Geruchs- und Gesichtssinn schmeichelt.
Keinerlei Düfte in der Wüste; kein Entzücken; sondern der scharfe Geruch der ausgeplünderten Ewigkeit, die Entzauberung der gloriosen Formen; *Anklageerhebung gegen das Auge*.

Alle Lebensmomente haben ihren Duft. Das Leben, ist es erst einmal aus dem Körper gewichen, duftet nach nichts mehr.

»Der Verwesungsgeruch von faulendem Fleisch – das ist die Grenze zwischen Leben und Tod«, sagte er. »Es gibt keine andere Demarkationslinie. Zum Glück beseitigt das Nichts alle Gerüche. Doch wer hätte auch nur einen Augenblick vermutet, daß das Nichts insgeheim die fatale Hoffnung des Krauts war?«

Bedeutet denn ständiges Schreiben soviel wie Hoffen dort, wo die Hoffnung abgeschrieben ist?
Du erwartest nichts mehr, doch du schreibst.

Ich schreibe, versenkt, den Wurzeln gleich; versengt vom Schrei der wasserverlassenen Erde.
Ich schreibe im Staub, dem einst grünen der Wurzeln,
dem einst schwarzen der Wörter,
dem nun grauen der Steine
und der Jahre.

»Grau sind die Vokabeln«, sagte er, »grau sind die Bücher der Zeit.«

Schreiben, um den Staub loszuwerden; zuoberst schreiben.

(Nie hast du dem Staub besondere Aufmerksamkeit geschenkt, und doch ist er Grenze der aufgehobenen Zeit.

Du schreibst ein letztesmal in den Staub, da du dich von den Worten nicht zu befreien vermagst. Du bewegst dich noch in deinen Grenzen.

Du leistest dem Tod Beihilfe, weigerst dich aber, jetzt schon zu sterben.)

Es war, zuvor, für dich der Kreis.
Es war, zuvor, für dich der Punkt;
doch wann?

Staub! Die Luft verbreitet ihr eigenes Ersticken.
Jedes Korn erwählt sich, aufs Geratewohl, sein Opfer.

Das *Innen* und das *Außen*? Zwei Farben, vielleicht, von Asche.

»Der Staub«, sagte er, »ist Ursprung.
Ich werde nur mit Staub geschrieben haben; denn Wörter gibt es nicht, nur den Staub verschwundener Schriftzeichen, aus dem man ein Alphabet gebildet hat.«

(Sein Geruch – von gestern, von morgen? – ist mir vertraut.
Ich verspüre ihn an meinen Lungen, die sich verschließen,
wenn ich den Moment abwarte, da ich unausweichlich untergehen werde
in der trüben Tiefe der Luft.)

Was soll ich dir vom Beginn sonst noch berichten,
außer vielleicht dem, daß du von ihm weder Hilfe
noch Wunder erwarten kannst.

All dieser Staub, der nicht von uns abfällt, der vielmehr
sich verdichtet mit der Zeit, mit der Zeit . . .

Die Welt, aus Staub gebildet, fürchtet den Wind.

(Von Geschlecht zu Geschlecht haben sie sich gewälzt, bis ihre Körper, o Herrlichkeit ihrer letzten Paarungen, für unsre im Tod erhobenen Augen auf immer zu Diamantenstaub wurden.

»Und du wirst erneut Stein werden im Vergessen und Staub vom Stein für alle Ewigkeit«, sagte er noch.)

Die Absolutheit des Tods

Der Tod ist Verbindung.

»... doch hier ist nun der Punkt erreicht, an dem das wahre Sein gänzlich einbehalten und *bestimmt* ist durch sein *Ende,* wo das Bewußtsein, Herr seiner selbst, jegliche Möglichkeit der Flucht und der Ausflucht freudig vereitelt. Auf sich selbst zurückgeführt, all des eitlen Tands entledigt, der ihn verhüllte, sammelt sich der innere Wille und erstrahlt beim Eintritt des Sterbens. Er nimmt den Tod als Helfershelfer, als könnte er sich unsern Augen bloß vor einem Hintergrund aus Nichts enthüllen, in jenem kurzen Augenblick, da der Held den Schatten weicht, bevor er sich in ihnen verliert. Weil es keinen Ausweg auf eine Zukunft hin mehr gibt – was besagt, daß nicht mehr ›anderswo‹ gedacht werden kann –, baut das Sein auf ein restlos erfülltes *Hier* und *Jetzt.* Es stellt all seine Macht zur Schau und hält sie fest, eine Macht, die ihm künftig nichts mehr wird streitig machen können.«
Jean Starobinski (»Montaigne et la dénonciation du mensonge«, in *Dialectica,* XXII, 1968)

Die Liebenden

»An diesem Punkt wird
die Hingebung zum Opfer-

Parallel dazu lese ich:
»An diesem Punkt wird

gang in asymptotischem Aufstieg zur Absolutheit des Tods. Nur mehr für das geliebte Wesen leben; das heißt schon bald – nur mehr durch das geliebte Wesen leben; aufgehört haben, für sich selbst und durch sich selbst zu leben. Tiefgreifende Befreiung, welche, im Gegenzug, dem Leben selbst wunderbare Leichtigkeit, Heiterkeit, Unerschrockenheit verleiht.

. . . Die leidenschaftliche Geliebte [. . .] erweist sich somit als eine lebendig Gestorbene, am Leben erhalten durch eine Art künstlicher Atmung, die sie erfleht – eine virtuell Tote, deren sämtliche Lebensmomente künftig vom geliebten Wesen abhängig sind; diesen Zustand in Worte fassen heißt soviel wie unablässig (und auf höchst apolitische Weise) wiederholen,
daß man sterben würde, falls das geliebte Wesen

die Hingebung zum Opfergang in asymptotischem Aufstieg zur Absolutheit des Tods. Nur mehr für (das Buch) leben; das heißt schon bald – nur mehr durch (das Buch) leben; aufgehört haben, für sich selbst und durch sich selbst zu leben. Tiefgreifende Befreiung, welche, im Gegenzug, dem Leben selbst wunderbare Leichtigkeit, Heiterkeit, Unerschrockenheit verleiht.

. . . (Der Schriftsteller) erweist sich somit als ein lebendig Gestorbener, am Leben erhalten durch eine Art künstlicher Atmung, die er erfleht – ein virtuell Toter, dessen sämtliche Lebensmomente künftig vom (Buch) abhängig sind; diesen Zustand in Worte fassen heißt soviel wie unablässig (und auf höchst apolitische Weise) wiederholen, daß man sterben würde, falls (das Buch) sich von einem absich von einem abwenden sollte; heißt auch verkünden, daß das Leben die Gabe sei, die man, mit Auflagen, von ihm erhalten habe . . . Seine Selbstentäußerung, was sage ich, allein schon seine Zerstreutheit würde dem Nichts das Wesen überantworten, das sich ihm anvertraut hat. Bei äußerster Hingabe werden also das Opfer und der Freitod möglich, aber da findet sich auch, man kann es sich denken, die letzte Waffe des besitzergreifenden Begehrens, der raffenden Habgier.

Mme de Staël und ihre Heldinnen haben es darauf angelegt, aus dem *Nichts,* dem sie sich aussetzten, das Wechselgeld herauszuschlagen, welches ihnen die Erhaltung des Ganzen des Seins erlaubt.«

JEAN STAROBINSKI (»Suicide et mélancholie chez Mme de Staël«, Colloque de Coppet)

wenden sollte; heißt auch verkünden, daß das Leben die Gabe sei, die man, mit Auflagen, von ihm erhalten habe . . . Seine Selbstentäußerung, was sage ich, allein schon seine Zerstreutheit würde dem Nichts das Wesen überantworten, das sich ihm anvertraut hat. Bei äußerster Hingabe werden also das Opfer und der Freitod möglich, aber da findet sich auch, man kann es sich denken, die letzte Waffe des besitzergreifenden Begehrens, der raffenden Habgier.

(Der Schriftsteller) hat es darauf angelegt, aus dem *Nichts,* dem er sich aussetzt, das Wechselgeld herauszuschlagen, welches ihm die Erhaltung des Ganzen des Buchs erlaubt.

II
Brief Sarahs an Yukel

Ich werde sterben, Yukel, es muß so sein, in diesem Buch, zu dessen Niederschrift wir keine Muße haben werden.

Ich sterbe in mir ab für dieses unvollendete Buch.

Vor uns – wie viele heile Seiten!

Sind sie aber ohne Falten und so leergehalten, wie wir es vermuten?

Es liegt in ihnen, in der Tiefe, und es liegt auf ihrer stillen Oberfläche so etwas wie der Schatten einer unglückseligen Hand; so schwer, so kalt, als hinge sie leblos von der Tischkante herab.

Welch ein Gewicht, diese Hand, an einem der Glieder meines Leibs!

Welch ein Gewicht, dieses Herz, in der feuchten Höhlung meiner Hand!

Das Buch hätte das unsre sein können. Ich glaubte daran. Ich wünschte es. Es war dies, unzweifelhaft, Wahnwitz. Welches Leben kann denn, für sich allein, das Buch sich zu eigen machen? Vielleicht könnte solches der Tod. All diese bisher unerprobten Blätter bögen sich dann unter der zunehmenden Zahl der Wörter, die keiner mehr zu lesen vermöchte in der Zeit.

Ein Buch für niemanden am Ausgang einer Liebe ohne Grenzen.

Morgen ist ein noch zu entziffernder Moment des Buchs.

Brief Yukels an Sarah

Dieses aller Vokabeln entledigte Buch, Sarah, enthält nichtsdestoweniger unsre Geschichte, da es ein vom Tod geschriebenes Buch ist und da wir verstorben sind seit jenem Augenblick, als wir aufhörten, einen Namen zu tragen.

Eine dichte Schneeschicht liegt über unsern Worten. Sie sind von uns so weit entfernt, so sehr vergessen von unsresgleichen, daß sie vielleicht schon gar keine Menschenworte mehr sind, sondern verzerrte Echos unsrer verschütteten Schreie.

Die Abwesenheit des Buchs weiht unsre Abwesenheit. Du bist, wie ich, lebendig nur noch dort, wo wir nicht mehr sind; will sagen dort, wo alle Spiegel zerscherbt am Fuß eines einzigen liegen, hinter dem wir bewegungslos verharren.

Die Leere, die wir absuchen, ist nicht die des Buchs, in welches wir uns stumm versenken. Es ist die Leere ihres Buchs, Sarah, deren durchsichtiges Blatt wir sind, jeglicher Wiederkunft des Zeichens wie auch jeder verspäteten Blüte abgeneigt.

Aus der Stille der Jahrhunderte werden eines Tags unauffällige Vokabeln steigen, für uns, dann auch für die, die allmählich gelernt haben werden, uns im Nichts zu lesen. Unser Buch ist für morgen.

(Steht das Buch hier für die Liebe? Das Buch ist Gegenstand der Liebe. Die Liebensbezeugungen im Buch sind Kosungen, Küsse und Bisse des Satzes, des Worts, des Buchstabens, und sie sind, außerhalb des Buchs, unverhüllte Leidenschaft für

die Schrift gewordene Verletzung, die fruchtbare Wunde, der man, gleich einer Vagina, die Lippen geöffnet hat, um in sie des Todes Sperma strömen zu lassen.

»Dein Geschlecht, Frau, ist weißer Abgrund des Buchs, der ein einziges Mal Blut ließ für ein noch nicht dagewesenes Wort, das die Flut unsrer Worte inzwischen fortgetragen hat«, sagte er.

Doch sind im Buch auch Haß und Neid: Haß und Neid auf GOTT, *den ein entzifferter Text verlebendigt; ein Text unterm Text, für welchen dieser sich erschöpft und verbraucht.*

Das Feuer ist im Blatt, um seine Weiße zu schüren und zu löschen; ewiger Morgen des ersten und einzigen Buchs.)

Von der Terrasse meines Hotels aus beobachte ich das Verhalten der zahllosen Vögel – welche die Wogen sind –, während sie, die Flügel auf dem Wasser ausgebreitet, verenden.

Und ich sage mir, daß so auch die Bücher enden werden, angenommen, daß sie mit einem Aufstieg von Vokabeln, die der Himmel an sich zieht, ihren Anfang nehmen.

Manchmal macht einer den Versuch, sich mit mächtigem Schwung in die Lüfte zu erheben, sinkt aber gleich zurück und hinterläßt im Meer ein Loch.

Unsre Gräber sind nicht die der Vokabeln, noch jene der Fische und Vögel des Ozeans; diese Grabstätten sind von bewegender Ewigkeit. Sie mißachten und stören die Ordnung der Zeit.

»Es gibt«, sagtest du, »keinerlei Abschluß für das Meer und für das Buch. Die Vokabeln rollen die transparente Kette der Tage ab im beständigen Hin und Her ihres sich selbst überlassenen Lebens und Sterbens.
Dennoch wird das Buch, mit einer stetig unsicherer werdenen Feder, in weißen Lettern weiter- und fertiggeschrieben.«
Das Buch machen hieße vielleicht, das *Nichts der Schrift* gegen die *Schrift des Nichts* eintauschen.

(Nichts ist mehr gleich. Bleibt, was beizubehalten ist; das heißt – was sich noch aufrecht hält zwischen dem, was war, und dem, was nicht mehr ist: Trugbild des Gegenstands, der Sprache, des Lichts.
Die Schrift ist morgenrote Einsamkeit der Letter.)

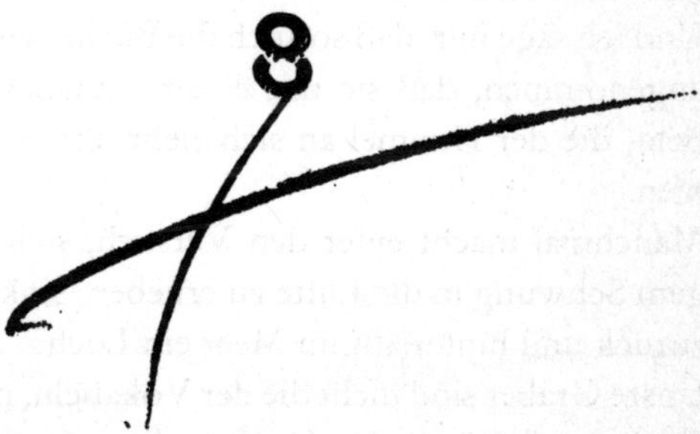

»Ja, ich bin dies Murmeln, wie auch du dies Murmeln bist, obgleich das eine stets vom anderen getrennt, von jeder Seite dessen, was – murmelnd – nichts aussagt, ach, erniedrigendes Lärmen« – »wundervolles« – »das nichts anderes besagt als: *es nimmt seinen Lauf*.«

MAURICE BLANCHOT *(Le pas au-delà)*

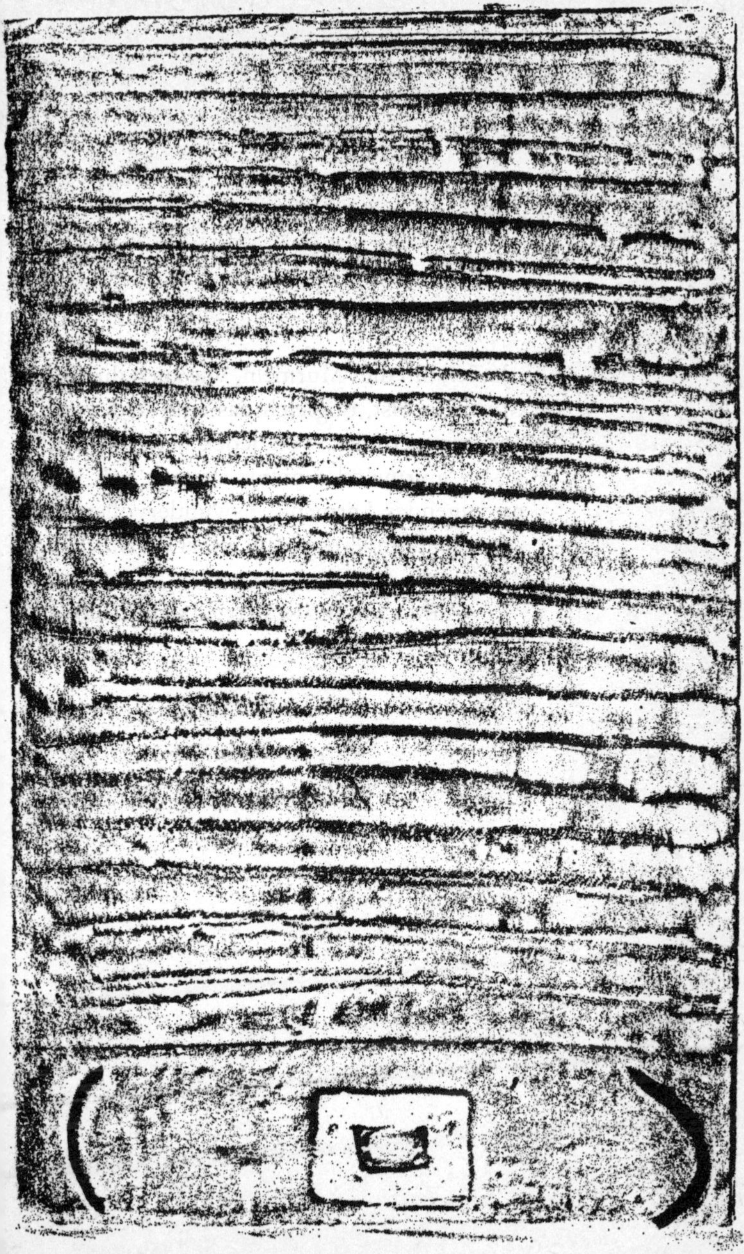

INHALT

Bibliothek Suhrkamp

Alphabetisches Verzeichnis

Will Gmehling

DIE 95. MINUTE

Will Gmehling lebt und arbeitet in Bremen und Köln. Er hat zwei Kinder. Nachdem er lange für Erwachsene gemalt hat, schreibt er seit vielen Jahren Geschichten für Kinder. 2020 wurde er mit dem Deutschen Jugendliteraturpreis ausgezeichnet. Bei Beltz & Gelberg ist von ihm bereits „Warum heulst du, Heulehund?“ erschienen.

Will Gmehling

Die 95. Minute

Mit Illustrationen von Volker Fredrich

GULLIVER
von BELTZ & Gelberg

Inhalt

1

Es war ein Abendspiel, als das mit der Zauberei zum ersten Mal passierte.

Ich hatte Schnupfen. Trotzdem wollte ich unbedingt mit ins Stadion. Ich hatte mich schon wochenlang darauf gefreut.

Also saß ich da jetzt, neben Papa, und wir sahen uns das Spiel an.

Der Mann neben uns war dick wie nichts. Er hatte einen Becher Bier in der einen Hand und in der anderen eine fette Wurst. Als er mit beidem fertig war, zündete er sich eine Zigarette an und blies mir den Rauch ins Gesicht.

Ich schniefte vor mich hin und fror. Ich war zum ersten Mal im Stadion und ich war aufgeregt. Aber ich konnte mich nicht richtig auf das Match konzentrieren.

Tausend Sachen lenkten mich ab: die Fans mit ihren Fahnen und Schlacht-Gesängen, der Riesen-Bildschirm. Andauernd blinkte Werbung auf und die Spielstände auf den anderen Plätzen.

Die Flutlicht-Masten warfen ein grelles Licht auf den Rasen. Er leuchtete in sattem Grün.

Ich weiß noch genau, gegen wen wir spielten: gegen Hertha BSC.

Das Ganze war aber ziemlich langweilig, es passierte nicht viel. Unsere Mannschaft war schlapp, und Papa stöhnte auf, weil sie einen Fehlpass nach dem andern fabrizierten.

Zur Halbzeit stand es 0:0, Papa holte uns was zu trinken. Der dicke Mann neben mir zündete sich eine neue Zigarette an. Ich hustete, aber das war ihm egal.

Es passierte kurz nach Wiederanpfiff. Die Berliner bekamen einen Foul-Elfmeter.

Papa war stinksauer. „Dieser Schiedsrichter ist eine komplette Null!“, rief er.

Der Dicke stand auf und verschüttete sein neues Bier.

Der Ball lag auf dem Elfmeter-Punkt, der Schütze stand ein paar Meter dahinter. Er wartete auf den Pfiff des Schiedsrichters.

Die meisten Zuschauer buhten.

Unser Torwart hampelte auf der Torlinie herum, um den Spieler nervös zu machen. Gleich würde er anlaufen.

Ich sah auf den Ball im feuchten Gras.

Und in genau diesem Moment spürte ich sie:

die *heiße, wilde Kraft.*

Sie war in meinem Bauch und wirbelte dort herum. Dann zischte sie hoch. Sie ging bis in meinen Kopf und schoss heraus aus mir.

Ein silberner Strahl!

Mir wurde übel.

Und plötzlich stand alles still: die Spieler, die Zuschauer, Papa. Als hätte jemand einen Film angehalten.

Der Strahl schoss nach unten aufs Spielfeld und legte sich auf den Ball, sodass er silbern funkelte. Der Spieler stand dahinter, reglos, wie im Märchen von Dornröschen.

Papa war wie eingefroren. Der Dicke stand da, starr, die Augen weit aufgerissen.

Nichts und niemand bewegte sich.

Dann, plötzlich, gab es einen Ruck, und alles ging weiter.

Doch wie in Super-Zeitlupe, wie im Schnecken-Tempo: Papa bewegte sich extrem langsam auf seinem Sitz hin und her, der Dicke machte den Mund auf und zu. Der Schiedsrichter pfiff.

Der Spieler lief an und schoss, unser Torwart sprang nach rechts.

Ich konnte die Flugbahn des Balles ganz genau beobachten, es war ja in Super-Zeitlupe. Er flog nach links oben, unser Torwart würde keine Chance haben.

Da aber spürte ich die Macht der *heißen, wilden Kraft*.

Ich spürte, dass ich bestimmen konnte, wohin der Ball flog. Es war ganz einfach. Ich musste mich nur genau darauf konzentrieren. Der Strahl würde den Ball genau dorthin lenken, wo ich ihn haben wollte.

Ich befahl dem Ball, 3 Meter neben das Tor zu gehen – und so kam es auch!

Dann gab es einen neuen Ruck, und alles war wie sonst, ohne Zeitlupe. Alles bewegte sich wieder.

Der Ball ging meilenweit ins Aus, der Spieler fasste sich an den Kopf.

Die Zuschauer lachten, Papa auch. Der Dicke schlug sich vor Freude auf die Schenkel.

Das Spiel ging weiter.

Ich war nach alldem völlig fertig. Papa sah mich besorgt an.

„Toni, du bist ja kreidebleich“, sagte er. „Stimmt was nicht?“

„Doch“, sagte ich. „Alles okay.“

Langsam begriff ich, was da eben passiert war: Ich hatte gezaubert.

Aber vielleicht hatte ich mir das auch nur eingebildet? Womöglich hatte ich nicht nur Schnupfen, sondern eine besonders gefährliche

Grippe. Mit Halluzinationen. Da sieht man Sachen, die gar nicht da sind.

Eins war sicher: Ich war hier im Stadion, mit Papa. Es stand immer noch 0:0.

Jetzt fragte sich nur, was mit der *heißen, wilden Kraft* war. Hatte ich mir das bloß eingebildet? War das eine Krankheit in meinem Kopf gewesen?

Ich musste nicht lange warten, um es herauszufinden.

Jetzt nämlich hatte unsere Mannschaft einen Freistoß, und zwar in sehr aussichtsreicher Position: 2 Meter vor der Strafraum-Grenze, fast in der Mitte.

Und es war wie beim ersten Mal; die *heiße, wilde Kraft* wirbelte in meinem Bauch. Dann stand alles still. Dann die Super-Zeitlupe, mein konzentrierter Blick auf den Ball.

Der Strahl lenkte ihn ins obere linke Eck, der Torwart war machtlos. Wir führten 1:0!

Papa umarmte mich wie ein Irrer, der Dicke wirbelte mit seinem Schal durch die Luft. Das Stadion bebte.

Ich war ziemlich alle. Ich fühlte mich wie ein nasser Sack.

Es passierte nicht mehr viel, ich musste nicht mehr eingreifen. Wir hatten das Spiel gewonnen.

Als wir nach Hause gingen, war ich immer noch so was von erschöpft von der Zauberei. Ich fragte mich, was da eben passiert war, und machte mir Gedanken.

Papa war vergnügt wie ein junger Hund.

„Ist ja grade noch mal gut gegangen“, seufzte er glücklich. „Krass, wie der den Elfer vermasselt hat! So was von krass!“

Er hatte keinen Schimmer, wie es wirklich gewesen war, ist ja klar. Ich konnte es ja selbst noch nicht fassen.

Wir kamen nach Hause, und Mama legte mich sofort ins Bett, so kaputt war ich.

2

In der nächsten Woche gab es ein Auswärtsspiel, und wir gingen hoch zu unseren Nachbarn, um es uns anzugucken.

Sie hatten sich einen neuen Riesen-Fernseher gekauft und wollten ihn unbedingt vorführen. Wir bestaunten das Teil, setzten uns aufs Sofa und knabberten Erdnüsse.

Es ging gegen Borussia Dortmund. Ich weiß noch, dass es andauernd regnete und die Spieler klatschnass herumrannten. Bei jedem Schuss spritzte das Wasser auf. Schon nach 20 Minuten lagen wir 0:2 zurück.

Ich musste handeln, sonst würde unsere Mannschaft haushoch verlieren.

Doch diesmal funktionierte es nicht – die *heiße, wilde Kraft* war nicht da, sosehr ich es mir auch wünschte.

Ich saß da und starrte auf den Bildschirm.

Dortmund schoss noch ein paar mehr Tore, wir gingen gewaltig unter. Papa war sauer und schimpfte. Unsere Nachbarn schalteten den Apparat aus und erzählten uns von ihrer nächsten Reise. Sie wollten nach Südafrika.

Wir waren ja schon lange nicht mehr weg gewesen. Das letzte Mal im Harz.

3

Beim nächsten Mal im Stadion kapierte ich es: Die *heiße, wilde Kraft* funktionierte nur, wenn man live dabei war, also direkt im Stadion.

Wir spielten gegen Wolfsburg, ich griff drei Mal ein, es klappte wie am Schnürchen. Wir gewannen 4:0. Und was das Beste war: Ich war hinterher nicht mehr so müde, im Gegenteil – ich fühlte mich richtig gut.

„Plötzlich gewinnen die“, wunderte sich Papa. „Komisch! Aber so ist Fußball nun mal: unberechenbar.“

Ich erzählte ihm nichts von der *heißen, wilden Kraft*, er hätte mir sowieso nicht geglaubt.

Vor dem nächsten Heimspiel sagte ich: „Heute gewinnen sie schon wieder!“

„Gegen Gladbach?“, rief Papa. „Vergiss es!“

Doch genau so kam es. Die Zauberei klappte prächtig, die Magie. Mittlerweile machte es sogar Spaß.

Papa war völlig aus dem Häuschen, als wir auf dem Heimweg in der Straßenbahn saßen.

Und nicht nur er: Die Straßenbahn wackelte, weil die Fans feierten und johlten.

„Du hast recht gehabt!“, rief Papa mir zu. „Das ist doch irre!“

Dann ging es gegen den VfB Stuttgart. Papa wollte wissen, was ich tippen würde.

Ich antwortete: „2:1. Diesmal wird es knapp!"

„Na, mal sehen", sagte er gut gelaunt. „Ich fress 'nen Besen, wenn du richtigliegst!"

Das war aber nur so gesagt, das mit dem Besen, natürlich fraß er keinen.

Aber eigentlich hätte er müssen. Denn das mit dem 2:1 kam voll hin.

Ich musste vier Mal eingreifen, diesmal war es kompliziert. Weil ich ja exakt das richtige Ergebnis hinbekommen musste.

4

Unsere Mannschaft war bis vor Kurzem noch auf dem 17. Platz gewesen. Jetzt standen sie schon auf dem 10.

Papa war begeistert, trotzdem fragte er mich plötzlich ganz ernst: „Woher weißt du das, Toni?"

„Was?", fragte ich zurück. Obwohl ich natürlich wusste, was er meinte.

„Na, das mit dem Ergebnis."

„Das rate ich."

„Wie jetzt?"

„Ich weiß das eben ..."

„Du weißt das eben?" fragte er aufgeregt und sah mich ganz komisch an. „Was meinst du damit?"

Für mich war das mit der Magie kein so ein Riesending mehr. Ich hatte mich fast schon daran gewöhnt.

Ich wollte in mein Zimmer und versuchen, die kaputte Rennbahn zu reparieren.

Papa aber ließ nicht locker. „Du meinst, du hast so eine Art … Vorahnung?", fragte er.

„Na ja …", murmelte ich.

„Mann!", rief er aus. „Das is was!"

Vor dem nächsten Spiel, gegen den HSV, wollte Papa wieder das Ergebnis wissen. Schon ein paar Tage vorher.

„3:0“, sagte ich.

„Bist du sicher?“

„Ja …“

„Na, dann wollen wir mal sehen“, sagte er, setzte sich vor seinen Computer und machte da irgendwas.

Und wir gewannen wirklich 3:0.

Ich hatte das exakt hinbekommen. Ich hatte zwei Freistöße unserer Mannschaft verwandelt und einen Foul-Elfmeter. Es war ganz einfach gewesen. Mit dem HSV war sowieso nicht viel los. Ich hatte da kaum was verhindern müssen.

Papa war so begeistert, dass er uns am nächsten Tag ins Restaurant einlud, Mama und mich.

Wir gingen sonst fast nie essen, höchstens mal zu McDonald's um die Ecke. Diesmal aber saßen wir beim Italiener, und ich durfte mir aussuchen, was ich wollte.

Mama wunderte sich über das alles, trotzdem stellte sie erst mal keine Fragen.

Papa war hochzufrieden und flüsterte mir heimlich zu: „Deine Vorahnungen, mein Junge, also ... ich muss schon sagen!“

Ein paar Wochen ging es so weiter.

Ich sagte das Ergebnis voraus und Papa ging es prächtig. Er kaufte mir ein BMX-Rad und schenkte Mama einen schicken Wintermantel. Er dachte sogar über ein neues Auto nach und einen Wäsche-Trockner.

5

Vor dem Spiel gegen Augsburg begriff ich endlich, was Sache war.

„Und was tippen wir diesmal?“, fragte Papa.

„2:0“, antwortete ich.

„Okay“, sagte er und rieb sich die Hände. „Dann also 2:0 ... Diesmal gehen wir auf Risiko!“ Er setzte sich vor den Computer und gab irgendwas ein.

„Was machst du da?“, fragte ich.

„Ich wette“, sagte er geheimnisvoll.

Wir wetteten auf dem Schulhof andauernd. Zum Beispiel, ob Paul es hinbekommen würde, unserer Lehrerin die Kekse aus der Tasche zu klauen. Oder ob Luca es schaffen würde, Suleika einen Kuss zu geben.

All so was eben. Das machte Spaß. Meistens wetteten wir um 50 Cent oder 1 Euro.

„Du wettest mit dem Computer?", fragte ich Papa.

„Ja, mein Junge."

„Wie das denn?"

„Also, das geht so: Du kannst zum Beispiel wetten, wer welches Spiel gewinnt. Aber auch das exakte Ergebnis, das ist natürlich schwieriger. Es bringt aber auch mehr Kohle. Manche wetten sogar, wann wer einen Elfer bekommt oder wann jemand jemanden foult. So was ist aber Schwachsinn.“

„Und wenn das Ergebnis falsch ist?“, fragte ich.

„Dann ist dein Geld futsch“, sagte er. „So ist das beim Wetten ...“

„Und was wettest du diesmal?“, fragte ich.

„Dein Ergebnis natürlich“, rief er aus. „Das 2:0! Ich setze eine bestimmte Summe. Und wenn das Ergebnis richtig ist, bekomme ich viel mehr Geld zurück, als ich gesetzt habe. Viel, viel mehr!“

„Und? Wie viel hast du ... gesetzt?“

„Ach, darüber zerbrich dir mal nicht den Kopf, mein Kleiner“, sagte er schnell.

Ich glaube, er bereute es schon, dass er mir das mit dem Wetten überhaupt verraten hatte.

Natürlich ging es 2:0 aus.

Und Papa war hochzufrieden.

Ein paar Tage später stand vor unserem Haus ein schickes Auto, ein nagelneuer BMW.

Darin saß Papa und hupte. Wir sollten kommen, Mama und ich, und eine kleine Spazierfahrt machen.

Wir fuhren aufs Land, gingen in ein schickes Kaffee, es gab Kakao und Kuchen.

Mama war überhaupt nicht so gut gelaunt wie Papa. Am Abend hörte ich sie mit ihm streiten. Sie wollte wissen, woher er plötzlich all das viele Geld hatte, für Fahrräder, Mäntel und Autos.

Sie dachten, ich würde schon schlafen, aber ich bekam alles mit.

„Ich hab ’ne fette Gehaltserhöhung bekommen“, schwindelte Papa.

„Ich glaub dir kein Wort!“, sagte Mama.

„Ich erklär dir das morgen, Schatz.“

„Nein, jetzt!“, rief Mama.

„Na gut“, brummte Papa und packte aus. Ich hörte Mama laut seufzen, dann war Ruhe.

Es war gut, dass die beiden immer zusammenhielten, was auch passierte. Das machte alles leichter.

Mama fand das mit dem Wetten nicht gut. Und dass ich das Ergebnis immer genau voraussagen konnte, war ihr unheimlich. Trotzdem machte sie nicht allzu viel Ärger.

6

Vor dem Spiel gegen die Bayern hatten wir noch einige andere Heimspiele.

Ich verriet Papa das Ergebnis, er wettete und gewann. Bei nur einem einzigen Spiel konnte ich nicht mit ins Stadion, weil ich Windpocken hatte.

„Keine Ahnung, wie es heute ausgeht“ sagte ich zu Papa. „Ich bin ja krank.“

Also ließ er das mit dem Wetten lieber bleiben.

Ich war froh, endlich mal kein Spiel-Entscheider sein zu müssen. Ich kuschelte mich in mein Bett und legte ein Hörbuch ein.

7

Dann wurde es Frühling und es kam zu diesem Spiel gegen die Bayern.

Die Leute redeten von nichts anderem mehr. Unsere Mannschaft war jetzt schon Vierter, doch die Bayern waren stark wie nie.

Ich wusste, dass es gefährlich war, das exakte Ergebnis vorauszusagen. Denn so, wie die Bayern gerade spielten, konnte niemand sie davon abhalten, Tore zu schießen.

„Und?“, fragte Papa nervös. „Wie geht es aus?“

Es gefiel mir überhaupt nicht, wie er mich ansah, er war irre aufgedreht.

„Wir gewinnen“, sagte ich vorsichtig.

„Okay, okay“, sagte er. „Aber das Ergebnis! Wie ist das Ergebnis?“

„Weiß nicht“, sagte ich.

„Wie jetzt, das weißt du nicht? Was ist los, mein Junge? Ich will auf Ergebnis wetten. Das bringt krass viel Geld!“

Wie sollte ich ihm das erklären?

„Ich brauch das Ergebnis“, sagte Papa. „Komm, Toni, streng dich an!“

„4:3“, antwortete ich, damit er Ruhe gab.

„4:3?“ Er lachte. „Bist du sicher? Das ist ein ziemlich seltenes Ergebnis, ich meine, gegen die Bayern ... Bist du ganz sicher?“

Ich nickte.

„Diesmal kommt's drauf an", murmelte er und verschwand hinter seinem Computer. „Diesmal geht's ums Ganze!"

Ich hatte das nur so dahingesagt. Weil ich langsam die Nase voll hatte von all der Magie und den Wetten.

Ich wollte, dass alles wieder so war wie früher, vor der *heißen, wilden Kraft*. Da war es viel ruhiger bei uns zugegangen und Papa war nicht ständig so aufgedreht. Auch die vielen Geschenke und der neue Fernseher, den er gekauft hatte, machten es nicht besser.

Jetzt aber hatte ich 4:3 gesagt. Und exakt das musste ich hinbekommen.

Fragte sich nur, wie.

4 : 3

8

Es war ein Abendspiel. So wie beim ersten Mal, als alles angefangen hatte mit der Zauberei. Und es war Vollmond: Groß und gelb stand er über dem Stadion.

Ich musste andauernd nach oben gucken, aber ich durfte mich jetzt nicht ablenken lassen.

Gleich würde das Spiel losgehen, gerade liefen die Mannschaften ein.

Papa saß neben mir und redete auf mich ein, aber ich verstand kaum, was er sagte. Es war irre laut, die Schlacht-Gesänge donnerten durchs Stadion.

Diesmal saß kein dicker Mann auf der anderen Seite, sondern ein ganz dünner, mit Glatze und Tattoo auf der Glatze. Aber auch er rauchte wie ein Verrückter.

Es kam, wie ich es mir gedacht hatte: Die Bayern spielten, wie sie wollten, alles ging blitzschnell. Schon nach 7 Minuten machte Lewandowski ein Tor, ein paar Minuten später das nächste.

Unsere Spieler hatten Angst. Sie schoben sich den Ball hektisch zu und spielten andauernd zurück zum Torwart.

Papa sah mich misstrauisch an, von wegen dem 4:3. Ich wurde rot und begann zu schwitzen.

Endlich bekamen wir einen Freistoß, und ich konnte den Ball ins Tor lenken, wie sonst auch.

Jetzt stand es 1:2, es gab wieder Hoffnung.

Da aber schoss Gnabry das 1:3, und wieder ging alles zu schnell für mich, viel zu schnell.

Dann endlich war Pause.

Papa hockte neben mir und sagte kein Wort. Der Glatzkopf rauchte.

Ich machte mir Gedanken.

„Wie viel hast du eigentlich gesetzt?", fragte ich Papa, kurz bevor die zweite Halbzeit losging. Ich flüsterte das in sein Ohr, damit der Glatzkopf nichts mitbekam.

Papa antwortete nicht, sondern trank einen Schluck von seinem Bier.

Ich fragte noch einmal.

„Mach dir keine Sorgen", brummte er nur und guckte vor sich hin.

Tat ich aber.

Wenn ich die Lage richtig einschätzte, ging es um eine Menge Geld. Und ich stellte mir vor, was passieren würde, wenn ich mich mit dem Ergebnis geirrt hatte.

Und wie es aussah, hatte ich das.

Denn die Bayern ließen nicht locker. Sie überrannten uns und waren megagefährlich.

Solange der Ball rollte, konnte ich nicht eingreifen. Ich brauchte dazu einen Freistoß oder einen Elfmeter, oder wenigstens einen Eckball.

Er kam aber nicht, es war wie verhext.

Papa sank in sich zusammen und starrte auf seine Schuhe. Er zitterte sogar.

Plötzlich aber, wie aus dem Nichts, machten wir das 2:3!

Es gab ein Hickhack im Strafraum der Bayern und irgendwie kriegten wir den Ball über die Torlinie. Ich musste überhaupt nicht eingreifen.

2:3, das war doch schon mal was!

Und plötzlich wurden die Bayern nervös, sie fabrizierten einen Fehlpass nach dem anderen. Oder sie machten fiese Fouls.

Dann kam die 79. Minute.

Wir bekamen endlich wieder einen Freistoß, 2 Meter hinter der Strafraum-Linie.

Die Leute standen auf. Ich musste auf meinen Sitz steigen, um gut sehen zu können.

Die Glatze steckte sich seine tausendste Zigarette an und blies mir den Rauch ins Gesicht. Mir wurde übel – allerdings nicht nur wegen der Zigarette.

Irgendwas stimmte nicht mit meinem Bauch. Aber egal. Ich musste mich konzentrieren.

Manuel Neuer dirigierte ruhig seine Abwehr. Er war der beste Torwart der Welt, er wusste, wie man so etwas machte.

Ich aber wusste, wie man ihn überwand. Zumindest jetzt, in der 79. Minute, wusste ich es noch …

Ich lenkte den Ball über die Mauer. Er schlug in der Ecke ein, in der Neuer nicht stand, rechts oben im Winkel. Er schüttelte überrascht den Kopf, er konnte es nicht fassen.

Die Zuschauer wurden wild vor Aufregung, Papa war wie woanders und seine Ohren glühten.

3:3! Alles war wieder möglich!

Die Bayern aber waren die Bayern. Sie versteckten sich nicht feige in der eigenen Hälfte. Nein, sie schalteten voll auf Angriff, sie wollten den Sieg unbedingt.

Aber sie machten Fehler.

Sie spielten zu ungenau, rannten wieder und wieder ins Abseits. Und in der 89. Minute machte Süle ein böses Foul und bekam die Rote Karte. Er regte sich ein bisschen auf, dann ging er duschen.

Jetzt zeigte der Assistent an der Linie die Nachspielzeit an: 5 Minuten. Mir war immer noch schlecht.

Die Sekunden verrannen.

Zwei unserer Spieler kloppten sich kurz mit ein paar Bayern-Spielern. Der Schiedsrichter ging dazwischen und verteilte Gelbe Karten.

Es passierte nicht mehr viel. Dachte ich zumindest. Und Papa dachte das wohl auch: Sein Blick wurde immer düsterer. Wie eine schwarze Wolke hing er über mir.

Doch da! Da passierte es! Wie aus dem Nichts!

Es war die 95. Minute.

Wir machten einen allerletzten Angriff, es waren nur noch ein paar Sekunden zu spielen.

Und wir bekamen wieder einen Freistoß ...

Diesmal aber waren es über 30 Meter bis zum Tor. Und ich dachte: Das muss ich noch hinkriegen, obwohl es schwer wird. Und dann ist Schluss, dann renn ich aufs Klo.

Wir hatten einen Spezialisten für Freistöße, einen Österreicher, er legte sich den Ball zurecht. Die Bayern bildeten nur eine kleine Mauer und konzentrierten sich auf Manndeckung.

„Jetzt, jetzt, jetzt", ächzte Papa neben mir. „Sonst ist alles futsch …"

Ich begriff. Er hatte all unser Geld gesetzt, der arme Irre.

Wenn das mit dem 4:3 nicht klappte, würden wir keinen Cent mehr haben. Wie konnte man so bescheuert sein!

Ich bekam Angst. Und gleichzeitig spürte ich, dass irgendwas nicht stimmte. Ich meine jetzt nicht, dass mir übel war wie Hölle – es war viel schlimmer:

Die *heiße, wilde Kraft* war nicht mehr da, keine Spur davon.

Ich war leer wie ein Auto auf dem Schrottplatz. Ich versuchte, mich zu konzentrieren, mir tat der Kopf weh – aber es war umsonst. Kein Strahl mehr, den ich auf den Ball lenken konnte, keine Magie.

Unser Freistoß-Spezialist lief an. Ich setzte mich und machte die Augen zu – es war garantiert alles verloren.

Doch da brandete der Jubel auf! Ein Geschrei aus 40 000 Kehlen! Es war voll der Hammer!

Ich dachte, das ist ein Traum, das kommt von der Übelkeit. Aber so war es nicht.

Wir hatten tatsächlich und wirklich und ganz und gar das 4:3 gemacht. Ganz ohne Tricks und Zauberei! Das Spiel wurde gar nicht wieder angepfiffen, wir hatten gewonnen!

Papa und die Glatze umarmten sich, während ich unter ihnen kauerte und schluckte.

Seltsamerweise war mir nicht mehr schlecht, jetzt, wo alles vorbei war.

Papa nahm mich in den Arm, wie als ich noch klein war. Das war mir peinlich und das tat gut, beides.

9

Draußen vor dem Stadion tranken wir noch was und Papa kaufte mir eine Bratwurst. Dann telefonierte er aufgeregt mit jemandem und wedelte dabei wie verrückt mit den Armen.

Ich sah ihm zu und dachte: Okay, du freust dich, herzlichen Glückwunsch! Aber für mich war's das. Ich werde nie wieder ein Ergebnis voraussagen. Es reicht!

Und als wir in der Straßenbahn saßen, teilte ich ihm genau das mit.

„Mir reicht's auch", sagte Papa und legte mir den Arm um die Schultern. „Aber jetzt haben wir immerhin ein bisschen Kohle. Auch nicht so übel ..."

„Stimmt“, sagte ich.

„Jetzt kannst du mir ruhig mal verraten, wie du das hinbekommen hast“, sagte er. „Das war ja die reinste Hexerei!“

„Ach, lass mal“, antwortete ich. „Das kann man nicht erklären.“

Er sah mich lange an und nickte. Dann wollte er wissen, wohin ich in den Osterferien wollte.

„Irgendwohin, wo Schnee liegt“, sagte ich. „Und wo er nicht gleich wieder schmilzt.“

Wir nahmen den Zug in die Berge. Überall lag eine Menge Schnee herum, meterhoch. Im Hotel gab es zu essen, soviel man wollte. Wir fuhren Schlitten und machten eine Nachtwanderung durch den verschneiten Wald.

Kurz darauf zogen wir in eine andere, größere Wohnung. Von meinem Zimmer aus konnte man auf einen Fußballplatz gucken.

Ich sah den Kindern beim Training zu. Hinterher machten sie immer ein Spiel.

Eine Zeit lang saß ich bloß am Fenster und guckte zu.

Dann aber dachte ich: Es wird Zeit, dass ich selber spiele, egal wie. Auch wenn aus mir kein Superstar wird:

Hauptsache, Fußball.

Dieses Buch wurde von Kindern für Kinder getestet.

MIX
Papier aus verantwortungsvollen Quellen
FSC® C089473
FSC www.fsc.org

Dieses Buch ist erhältlich als:
ISBN 978-3-407-82004-4 Print

Werderstraße 10, 69469 Weinheim

Lektorat: Carolin Eichenlaub
Neue Rechtschreibung
Einbandgestaltung und Illustrationen: Volker Fredrich
Herstellung: Jasmin Kerstner
Satz: Lina-Marie Oberdorfer, Mannheim
Druck und Bindung: Beltz Grafische Betriebe, Bad Langensalza
Beltz Grafische Betriebe ist ein klimaneutrales Unternehmen
(ID 15985-2104-100).
Printed in Germany
1 2 3 4 5   26 25 24 23 22

Der Inhalt dieses Buchs wurde auf 100 % Recyclingpapier gedruckt.

Weitere Informationen zu unseren Autor_innen und Titeln
finden Sie unter: www.beltz.de